中华人民共和国
人民调解法

(实用版)

中国法治出版社

CHINA LEGAL PUBLISHING HOUSE

图书在版编目（CIP）数据

中华人民共和国人民调解法 : 实用版 / 中国法治出版社编. -- 4版. -- 北京 : 中国法治出版社, 2025.7.
ISBN 978-7-5216-5461-5

Ⅰ. D925

中国国家版本馆 CIP 数据核字第 20250R3P34 号

责任编辑：王林林　　　　　　　　　　　　　　　　封面设计：杨泽江

中华人民共和国人民调解法（实用版）

ZHONGHUA RENMIN GONGHEGUO RENMIN TIAOJIEFA (SHIYONGBAN)

经销/新华书店
印刷/三河市紫恒印装有限公司

开本/850 毫米×1168 毫米　32 开	印张/ 5.5　字数/ 117 千
版次/2025 年 7 月第 4 版	2025 年 7 月第 1 次印刷

中国法治出版社出版

书号 ISBN 978-7-5216-5461-5　　　　　　　　　　　　　　定价：18.00 元

北京市西城区西便门西里甲 16 号西便门办公区

邮政编码：100053	传真：010-63141600
网址：http://www.zgfzs.com	编辑部电话：010-63141676
市场营销部电话：010-63141612	印务部电话：010-63141606

（如有印装质量问题，请与本社印务部联系。）

■实用版

编辑说明

运用法律维护权利和利益，是读者选购法律图书的主要目的。法律文本单行本提供最基本的法律依据，但单纯的法律文本中的有些概念、术语，读者不易理解；法律释义类图书有助于读者理解法律的本义，但又过于繁杂、冗长。"实用版"法律图书至今已行销多年，因其实用、易懂的优点，成为广大读者理解、掌握法律的首选工具。

"实用版系列"独具五重使用价值：

1. **专业出版**。中国法治出版社是中央级法律类专业出版社，是国家法律法规标准文本的权威出版机构。

2. **法律文本规范**。法律条文利用了本社法律单行本的资源，与国家法律法规标准文本完全一致，确保条文准确、权威。

3. **条文解读详致**。书中的【理解与适用】从庞杂的相互关联的法律条文以及全国人大常委会法制工作委员会等对条文的解读中精选、提炼而来；【典型案例指引】来自最高人民法院指导案例、公报、各高级人民法院判决书等，点出适用要点，展示解决法律问题的实例。

4. **附录实用**。书末收录经提炼的法律流程图、诉讼文书、办案常用数据等内容，帮助提高处理法律纠纷的效率。

5. **附赠电子版**。将与本分册主题相关、因篇幅所限而未收录的相关文件制作成电子版文件。扫一扫封底"法规编辑部"可免费获取。

需要说明的是，只有国家正式通过、颁布的法律文本才具有法律效力，书中【条文主旨】、【理解与适用】、【典型案例指引】、【实用附录】等内容，为编者方便读者阅读、理解而编写，仅供参考。

中国法治出版社

2025 年 7 月

《中华人民共和国人民调解法》
理解与适用

人民调解是一项具有中国特色的化解矛盾、消除纷争的非诉讼纠纷解决方式，被国际社会誉为化解社会矛盾的"东方经验"。我国宪法、民事诉讼法对人民调解的性质和基本原则作了规定。1989年国务院公布施行了《人民调解委员会组织条例》，进一步促进了人民调解工作的发展。

随着经济社会的不断发展，人民调解法律制度在组织规范、程序规范和协议效力等方面，都需要通过立法进一步完善，以适应新形势下人民调解工作发展的需要，充分发挥人民调解在化解矛盾、解决纠纷、维护稳定、促进和谐方面的"第一道防线"的作用。在这个大背景下，《中华人民共和国人民调解法》（以下简称《人民调解法》）[①]于2010年8月28日经第十一届全国人民代表大会常务委员会第十六次会议审议通过。该法共6章35条，主要内容是：

第一，完善了人民调解组织形式

村民委员会和城市居民委员会的人民调解委员会是人民调解工作的组织基础。随着日益发展的人民调解工作的需要，人民调解组织的形式也有了新发展，人民调解法在现行法律、行政法规规定的基础上，完善了人民调解的组织形式。

一是《人民调解法》第7条明确规定：人民调解委员

[①] 本部分及法律条文下解读加工部分的法律文件名称均使用简称。

是依法设立的调解民间纠纷的群众性组织。

二是进一步规范了村民委员会、居民委员会、企业事业单位的人民调解委员会的设立、组成和推选程序。《人民调解法》第8条规定：村民委员会、居民委员会设立人民调解委员会。企业事业单位根据需要设立人民调解委员会。人民调解委员会由委员3至9人组成，设主任1人，必要时，可以设副主任若干人。人民调解委员会应当有妇女成员，多民族居住的地区应当有人数较少民族的成员。第9条规定：村民委员会、居民委员会的人民调解委员会委员由村民会议或者村民代表会议、居民会议推选产生；企业事业单位设立的人民调解委员会委员由职工大会、职工代表大会或者工会组织推选产生。人民调解委员会委员每届任期3年，可以连选连任。

三是进一步扩大了人民调解组织的范围。《人民调解法》第34条规定：乡镇、街道以及社会团体或者其他组织根据需要可以参照本法有关规定设立人民调解委员会，调解民间纠纷。

第二，明确了人民调解员的范围、条件、行为规范和保障

为了提高人民调解员队伍的整体素质，优化人民调解员的队伍结构，以适应人民调解工作的发展要求，人民调解法对人民调解员规定了以下制度：

一是规定了人民调解员的范围和条件。《人民调解法》第13条规定：人民调解员由人民调解委员会委员和人民调解委员会聘任的人员担任。第14条规定：人民调解员应当由公道正派、热心人民调解工作，并具有一定文化水平、政策水平和法律知识的成年公民担任。县级人民政府司法行政部门应当定期对人民调解员进行业务培训。

二是规定了人民调解员的行为规范。《人民调解法》第15条规定：人民调解员在调解工作中有偏袒一方当事人的、侮辱当事人的、索取、收受财物或者牟取其他不正当利益的以及泄露当事人的个人隐私、商业秘密的行为之一的，由其所在的人民调解委员会给予批评教育、责令改正，情节严重的，由推选或者聘任单位予以罢免或者解聘。

三是《人民调解法》第 16 条规定了人民调解员的误工补贴和在人民调解工作岗位上致伤致残或牺牲的人民调解员及其家属的国家救助和抚恤制度。

第三，规范了人民调解程序

人民调解法将实践中行之有效的经验、措施总结提炼上升为法律制度，用以指导、规范人民调解工作实践。

一是规定了人民调解的申请程序。《人民调解法》第 17 条规定：当事人可以向人民调解委员会申请调解；人民调解委员会也可以主动调解。当事人一方明确拒绝调解的，不得调解。

二是规定了调解员的选择和调解的方法步骤。《人民调解法》第 19 条规定：人民调解委员会根据调解纠纷的需要，可以指定一名或者数名人民调解员进行调解，也可以由当事人选择一名或者数名人民调解员进行调解。第 20 条规定：人民调解员根据调解纠纷的需要，在征得当事人的同意后，可以邀请当事人的亲属、邻里、同事等参与调解，也可以邀请具有专门知识、特定经验的人员或者有关社会组织的人员参与调解。人民调解委员会支持当地公道正派、热心调解、群众认可的社会人士参与调解。第 21 条规定：人民调解员调解民间纠纷，应当坚持原则，明法析理，主持公道。调解民间纠纷，应当及时、就地进行，防止矛盾激化。第 22 条规定：人民调解员根据纠纷的不同情况，可以采取多种方式调解民间纠纷，充分听取当事人的陈述，讲解有关法律、法规和国家政策，耐心疏导，在当事人平等协商、互谅互让的基础上提出纠纷解决方案，帮助当事人自愿达成调解协议。

三是规定了当事人在调解中的权利义务。《人民调解法》第23条规定，当事人在人民调解活动中享有下列权利：选择或者接受人民调解员；接受调解、拒绝调解或者要求终止调解；要求调解公开进行或者不公开进行；自主表达意愿、自愿达成调解协议。第24条规定，当事人在人民调解活动中履行下列义务：如实陈述纠纷事实；遵守调解现场秩序，尊重人民调解员；尊重对方当事人行使权利。

第四，确立了人民调解与其他纠纷解决方式之间的衔接机制

为贯彻调解优先原则，人民调解法规定了人民调解与司法纠纷解决机制的衔接制度。《人民调解法》第18条规定：基层人民法院、公安机关对适宜通过人民调解方式解决的纠纷，可以在受理前告知当事人向人民调解委员会申请调解。根据《最高人民法院关于建立健全诉讼与非诉讼相衔接的矛盾纠纷解决机制的若干意见》，确立了对人民调解协议的司法确认制度。《人民调解法》第33条规定：经人民调解委员会调解达成调解协议后，双方当事人认为有必要的，可以自调解协议生效之日起30日内共同向人民法院申请司法确认，人民法院应当及时对调解协议进行审查，依法确认调解协议的效力。人民法院依法确认调解协议有效，一方当事人拒绝履行或者未全部履行的，对方当事人可以向人民法院申请强制执行。人民法院依法确认调解协议无效的，当事人可以通过人民调解方式变更原调解协议或者达成新的调解协议，也可以向人民法院提起诉讼。

第五，加强了对人民调解工作的指导和保障

为确保人民调解工作正常开展，调动广大人民调解员积极性，落实国家对人民调解工作的支持保障责任，《人民调解法》第 6 条规定：国家鼓励和支持人民调解工作。县级以上地方人民政府对人民调解工作所需经费应当给予必要的支持和保障，对有突出贡献的人民调解委员会和人民调解员按照国家规定给予表彰奖励。第 12 条规定：村民委员会、居民委员会和企业事业单位应当为人民调解委员会开展工作提供办公条件和必要的工作经费。此外，《人民调解法》第 5 条还规定：国务院司法行政部门负责指导全国的人民调解工作，县级以上地方人民政府司法行政部门负责指导本行政区域的人民调解工作。基层人民法院对人民调解委员会调解民间纠纷进行业务指导。

目 录

中华人民共和国人民调解法

	第一章 总 则	
1	第一条	【立法目的和立法根据】
2	第二条	【人民调解定义】
4	第三条	【人民调解工作基本原则】
		[在当事人自愿、平等的基础上进行调解]
		[不违背法律、法规和国家政策]
		[尊重当事人的权利，不得因调解而阻止当事人依法通过仲裁、行政、司法等途径维护自己的权利]
5	第四条	【人民调解不收费】
6	第五条	【对人民调解工作的指导】
9	第六条	【鼓励和支持人民调解工作】
		[对人民调解工作经费的支持和保障]
		[对人民调解委员会和人民调解员进行表彰和奖励]
	第二章 人民调解委员会	
11	第七条	【人民调解委员会的性质】
12	第八条	【人民调解委员会的组织形式与人员构成】
		[人民调解委员会的组织形式]
		[人民调解委员会的人员构成]

14	第 九 条	【人民调解委员会委员产生方式及任期】
		[村（居）民委员会人民调解委员会委员的产生方式]
		[企业事业单位人民调解委员会委员的产生方式]
		[人民调解委员会委员的任期]
15	第 十 条	【人民调解委员会有关情况的统计与通报】
16	第十一条	【健全工作制度与密切群众关系】
		[人民调解委员会工作制度]
18	第十二条	【为人民调解委员会开展工作提供保障】

第三章 人民调解员

19	第十三条	【人民调解员的构成】
20	第十四条	【人民调解员的任职条件与业务培训】
		[担任人民调解员的条件]
		[对人民调解员进行业务培训]
21	第十五条	【罢免或者解聘人民调解员的情形】
		[人民调解员的行为规范]
		[人民调解员违反行为规范的法律后果]
23	第十六条	【人民调解员待遇】
		[人民调解员的误工补贴]
		[人民调解员救助]
		[人民调解员牺牲后的抚恤]

第四章 调解程序

24	第十七条	【人民调解的启动方式】
		[当事人申请调解]
		[人民调解委员会主动调解]

		[当事人拒绝调解的处理]
27	第十八条	【告知当事人申请人民调解】
28	第十九条	【人民调解员的确定】
31	第二十条	【邀请、支持有关人员参与调解】
		[邀请相关人员参与调解]
		[支持社会人士参与调解]
33	第二十一条	【人民调解员调解工作要求】
		[坚持原则]
		[明法析理]
		[主持公道]
		[及时、就地进行，防止矛盾激化]
35	第二十二条	【调解程序与调解方式】
		[根据纠纷的不同情况，采用多种方式调解]
		[充分听取当事人的陈述]
		[讲解有关法律、法规和国家政策，耐心疏导]
		[在当事人平等协商、互谅互让的基础上提出纠纷解决方案]
		[帮助当事人自愿达成调解协议]
38	第二十三条	【人民调解活动中的当事人权利】
		[选择或者接受人民调解员]
		[接受调解、拒绝调解或者要求终止调解]
		[要求调解公开进行或者不公开进行]
		[自主表达意愿、自愿达成调解协议]
41	第二十四条	【人民调解活动中的当事人义务】
		[如实陈述纠纷事实]
		[遵守调解现场秩序，尊重人民调解员]
		[尊重对方当事人行使权利]

42	第二十五条	【调解过程中预防纠纷激化工作的措施】
43	第二十六条	【调解终止】
		［调解不成］
		［终止调解后的其他救济］
45	第二十七条	【人民调解材料立卷归档】

第五章 调解协议

46	第二十八条	【达成调解协议的方式】
		［制作调解协议书］
		［口头协议］
47	第二十九条	【调解协议书的制作、生效及留存】
		［调解协议书可以载明的事项］
		［调解协议书的生效］
		［调解协议书的留存］
49	第三十条	【口头调解协议的生效】
50	第三十一条	【调解协议效力】
50	第三十二条	【当事人对调解协议的内容或履行发生争议的救济】
		［达成调解协议后发生争议］
		［对达成调解协议后发生争议的解决途径］
52	第三十三条	【对调解协议的司法确认】

第六章 附 则

56	第三十四条	【参照设立人民调解委员会】
		［乡镇、街道设立人民调解委员会］
		［社会团体或者其他组织设立人民调解委员会］
57	第三十五条	【施行日期】

实用核心法规

58	中华人民共和国民事诉讼法（节录） （2023年9月1日）
60	中华人民共和国劳动争议调解仲裁法（节录） （2007年12月29日）
63	中华人民共和国农村土地承包经营纠纷调解仲裁法（节录） （2009年6月27日）
65	人民调解委员会组织条例 （1989年6月17日）
68	民间纠纷处理办法 （1990年4月19日）
71	人民调解工作若干规定 （2002年9月26日）
79	跨地区跨单位民间纠纷调解办法 （1994年5月9日）
80	中央政法委、最高人民法院、司法部等关于加强人民调解员队伍建设的意见 （2018年4月27日）
89	最高人民法院关于民商事案件繁简分流和调解速裁操作规程（试行） （2017年5月8日）
94	最高人民法院关于人民法院特邀调解的规定 （2016年6月28日）
99	司法部关于企业、事业单位建立、健全人民调解组织的几点意见 （1990年3月31日）

103	司法部关于城市街道办事处代行民间纠纷处理权的批复 （1992年9月18日）
104	最高人民法院、司法部关于进一步加强新形势下人民调解工作的意见 （2007年8月23日）
110	最高人民法院关于人民法院民事调解工作若干问题的规定 （2020年12月29日）
113	最高人民法院关于建立健全诉讼与非诉讼相衔接的矛盾纠纷解决机制的若干意见 （2009年7月24日）
121	最高人民法院关于仲裁机构"先予仲裁"裁决或者调解书立案、执行等法律适用问题的批复 （2018年6月5日）
122	司法部、卫生部、保监会关于加强医疗纠纷人民调解工作的意见 （2010年1月8日）
126	最高人民法院关于人民调解协议司法确认程序的若干规定 （2011年3月23日）
129	司法部关于进一步加强行业性、专业性人民调解工作的意见 （2014年9月30日）

实用附录

135	人民调解委员会调解卷宗
136	卷内目录
137	人民调解申请书
139	人民调解受理登记表

140	人民调解调查记录
141	人民调解记录
143	人民调解协议书
145	人民调解口头协议登记表
147	人民调解回访记录
148	卷宗情况说明
149	封底
150	人民调解员调解案件登记单（存根）
151	人民调解员调解案件登记单（正本）
152	人民调解委员会调解案件汇总登记表
153	人民调解组织队伍经费保障情况统计表
156	人民调解案件情况统计表

电子版增值法规（请扫封底"法规编辑部"二维码获取）

企业劳动争议协商调解规定
　　（2011年11月30日）
最高人民法院关于审理涉及农村土地承包经营纠纷调解仲裁案件适用法律若干问题的解释
　　（2020年12月29日）
全国工商联、司法部关于推进商会人民调解工作的意见
　　（2018年3月27日）
最高人民法院、中国保险监督管理委员会关于全面推进保险纠纷诉讼与调解对接机制建设的意见
　　（2016年11月4日）
财政部、司法部关于进一步加强人民调解工作经费保障的意见
　　（2007年7月9日）

人力资源社会保障部、中央综治办、最高人民法院、司法部、财政部、中华全国总工会、中华全国工商业联合会、中国企业联合会/中国企业家协会关于进一步加强劳动人事争议调解仲裁完善多元处理机制的意见

（2017 年 3 月 21 日）

人力资源社会保障部、中央综治办关于加强专业性劳动争议调解工作的意见

（2015 年 6 月 3 日）

司法部关于加强行业性专业性人民调解委员会建设的意见

（2011 年 5 月 12 日）

中华人民共和国人民调解法

（2010年8月28日第十一届全国人民代表大会常务委员会第十六次会议通过　2010年8月28日中华人民共和国主席令第34号公布　自2011年1月1日起施行）

目　录

第一章　总　　则
第二章　人民调解委员会
第三章　人民调解员
第四章　调解程序
第五章　调解协议
第六章　附　　则

第一章　总　　则

第一条　**立法目的和立法根据***

　　为了完善人民调解制度，规范人民调解活动，及时解决民间纠纷，维护社会和谐稳定，根据宪法，制定本法。

---

*　条文主旨为编者所加，下同。

▶理解与适用

本条规定了《人民调解法》的立法目的及立法依据。《人民调解法》共有四个立法目的，分别是完善人民调解制度、规范人民调解活动、及时解决民间纠纷、维护社会和谐稳定。立法依据为国家根本法，即宪法。

▶条文参见

《宪法》第111条；《人民调解委员会组织条例》第1条；《人民调解工作若干规定》第1条

第二条 人民调解定义

本法所称人民调解，是指人民调解委员会通过说服、疏导等方法，促使当事人在平等协商基础上自愿达成调解协议，解决民间纠纷的活动。

▶理解与适用

本条规定的是人民调解的含义，在理解时应当把握以下几点：

（1）人民调解是在人民调解委员会的主持下的一种群众性活动。群众性、自治性和民间性是人民调解的本质特征。根据本法第7条的规定，人民调解委员会是依法设立的调解民间纠纷的群众性组织。人民调解员来自群众、服务群众；人民调解坚持平等自愿原则；人民调解程序灵活便捷、不拘形式等，都充分体现了人民调解的群众性、自治性和民间性特征。保持人民调解的这种特征，有利于纠纷当事人自愿选择和接受调解，不妨碍在调解不成时另行行使诉讼权利，从而发挥人民调解在化解矛盾纠纷中的优势和作用。

（2）通过说服、疏导促使当事人双方平等协商，自愿达成调解协议。人民调解工作主要是在人民调解委员会主持下，通过人民调解员积极地在矛盾双方当事人之间说服、疏导，帮助交换意见，提出解决纠纷的建议，引导当事人自愿达成解决纠纷的协议。人民调解的方式方法是多样的，调解程序是灵活的，有利于调解组织和人民调解员及时采取积极措施予以解决，有效化解社会矛盾，达到从源头上减少纠纷的目的，实现法律效果、政治效果、社会效果的统一。如果人民调解的程序和方式强求模式化、程式化，反而会导致人民调解制度失去生命力。

(3) 人民调解的工作范围为民间纠纷。人民调解制度自产生以来，调解的范围基本上是公民与公民之间的婚姻、继承、赡养、邻里关系、小额债务、轻微侵权等一般民事纠纷。随着经济社会的发展变化，特别是在目前的社会转型期，人民调解的范围，从纠纷主体到纠纷内容，都有了较大的拓展和变化。比如，因土地承包、村务管理、征地拆迁、环境污染、劳资工伤、物业管理、医疗纠纷、催讨欠薪等社会热点、难点等引发的矛盾纠纷不断增多。根据近年的实践，一般认为，凡是发生在公民与公民之间、公民与法人或者其他组织之间，涉及当事人有权处分的人身、财产权益的纠纷，都属于民间纠纷，都可以通过人民调解来处理。但法律、行政法规规定应当由专门机关管辖处理的纠纷或者禁止采用调解方式解决的纠纷除外。这样理解，符合宪法及有关法律对人民调解的规定，也是人民调解区别于其他纠纷解决机制的明显特点。

▶条文参见

《民法典》第1132条；《劳动争议调解仲裁法》第5条、第7条；《城市居民委员会组织法》第3条、第13条；《人民调解委员会组织条例》第2条、第5条；《人民调解工作若干规定》第2条、第3条

第三条 人民调解工作基本原则

> 人民调解委员会调解民间纠纷，应当遵循下列原则：
> （一）在当事人自愿、平等的基础上进行调解；
> （二）不违背法律、法规和国家政策；
> （三）尊重当事人的权利，不得因调解而阻止当事人依法通过仲裁、行政、司法等途径维护自己的权利。

▶理解与适用

[在当事人自愿、平等的基础上进行调解]

自愿平等原则是人民调解的基础。人民调解应当在当事人自愿、平等的基础上进行。当事人可以接受调解，也可以不接受调解，即使在调解的过程中，当事人也可以拒绝继续调解；当事人可以接受人民调解委员会安排的调解员，也可以自主选择调解员；当事人可以接受调解员提出的调解方案，也可以自行提出调解方案；当事人可以自主选择达成书面协议还是口头协议，等等。当事人在调解的过程中享有平等的地位，权利行使平等，义务履行平等，任何人均不享有特权。

[不违背法律、法规和国家政策]

民间纠纷的内容主要涉及法律规范调整的范畴，也有许多纠纷涉及道德规范调整的范畴。在法律规范调整的范畴中，又主要是民事权利义务规范。因此，人民调解主要依据法律、法规、规章、国家政策进行。在不违背法律、行政法规设定的强制性规定的前提下，可以依照社会公德、村规民约、公约良俗、行业惯例进行调解。纠纷调解的结果对当事人权利义务的确定，不得违反法律、法规的明确要求，不得侵害公共利益和第三方权益。

[尊重当事人的权利，不得因调解而阻止当事人依法通过仲裁、行政、司法等途径维护自己的权利]

尊重当事人权利原则是人民调解的保障。调解、仲裁、行政或司法途径，都是当事人维护自身合法权益的有效途径，各具优势和特点。选择哪种途径主张权利，维护利益是当事人的权利。运用人民调解，采用说服、协商、疏导等办法，及时解决矛盾纠纷，在预防和减少纠纷、增进团结、促进和谐上发挥了重要、不可替代的基础性作用。但是，这项制度本身的优势建立在尊重当事人权利、自愿、平等的基础上，而不是把人民调解作为所有纠纷的解决机制。这是由人民调解的性质和功能定位决定的，是人民调解获得社会公信力的重要保障。面对纷繁复杂的矛盾纠纷，需要健全完善多种纠纷解决方式有机结合的机制，整合多样资源，既突出人民调解化解矛盾的基础性作用，又畅通其他权利救济渠道的衔接配合，最终达到化解矛盾、维护稳定、促进和谐的目的。

▶条文参见

《人民调解委员会组织条例》第6条；《人民调解工作若干规定》第4条

第四条　人民调解不收费

人民调解委员会调解民间纠纷，不收取任何费用。

▶理解与适用

本条规定了人民调解的不收费制度。不收费是人民调解的一项基本制度，也是人民调解的一个显著特征。人民调解不收费制度，要求各种类型的人民调解组织、人民调解员和参加调解工作的其他人员，以及这些人民调解组织的设立单位，不得以任何形式向当事人收取或者变相收取任何费用、财物。民间调解委员会调解民间纠纷既不同于社会中介机构的调解，也不同于法院的司法调解和行政机关的行政调解，人民调解具有群众自我管理、自我教育、自我服务的属性，正是这一性质决定了其不收费制度。此外，不收费制度亦是人民调解的根本目的使然。人民调解委员会调解民间纠纷的根本目的不是营利，而是要通过人民调解化解矛盾纠纷，增进人民团结，维护社会秩序。总之，人民调解不收费能够使其更加贴近群众、服务群众，使矛盾纠纷当事人愿意主动申请调解，越早越快地将矛盾化解，避免激化矛盾，从而有力维护社会和谐与稳定。

▶条文参见

《人民调解委员会组织条例》第11条；《人民调解工作若干规定》第8条

第五条 对人民调解工作的指导

国务院司法行政部门负责指导全国的人民调解工作，县级以上地方人民政府司法行政部门负责指导本行政区域的人民调解工作。

基层人民法院对人民调解委员会调解民间纠纷进行业务指导。

▶理解与适用

本条是关于对人民调解工作指导的规定。

1. 指导工作体系

（1）指导机构。承担人民调解工作指导职责的机构包括司法行政部门和人民法院。其中，县级以上各级司法行政部门负责指导本级行政区域内的人民调解工作。基层人民法院负责对人民调解委员会调解民间纠纷进行业务指导。

（2）指导职责划分。司法行政部门对人民调解工作的指导职责是全面系统的，包括了对人民调解工作组织、队伍、业务、工作等各个方面的指导，基层人民法院对人民调解工作的指导是对人民调解委员会调解民间纠纷的活动进行业务指导。

2. 司法行政部门对人民调解工作的指导

司法行政部门对人民调解工作的指导，就是由县级以上司法行政部门在正确把握人民调解工作科学理论和规律的基础上，按照人民调解工作的法律规范和方针政策，立足于人民调解工作实际情况，对人民调解工作的发展方向做出指示，对人民调解组织建设、队伍建设、业务建设、制度建设等进行指引，对人民调解工作活动进行规范、保护和监督。具体而言：

（1）对人民调解工作的指引和规范。具体包括：①制定相关政策；②加强调查研究；③总结交流经验；④做好人民调解委员会的组织建设、队伍建设、业务建设和制度建设的指导工作。

（2）对人民调解委员会日常工作的指导。主要包括以下内容：①及时解答、处理人民调解委员会或者纠纷当事人就人民调解工作有关问题的请示、咨询和投诉；②应人民调解委员会的请求或者根据需要，协助指导对矛盾纠纷的调解活动，特别是那些比较疑难的纠纷、涉及群众切身利益的热点难点纠纷以及群体性纠纷等；③对人民调解委员会主持达成的调解协议进行检查，发现违背法律、法规、规章、政策和公序良俗的，及时指出并督促人民调解委员会告知当事人，通过合理程序予以改正。

（3）对人民调解员的业务培训。加强业务培训是司法行政机关指导人民调解工作的重要职能。县级司法行政部门，是对人民调解员进行业务培训的主要机关，要按照司法部和省级司法行政机关的要求，结合本地实际，制定完备的人民调解员培训规划，明确培训的目标、任务、人员、内容、方式方法和经费保障等，并精心组织，定期实施，切实提高人民调解员的业务素质和调解能力。

3. 基层人民法院对人民调解工作的指导

对人民调解委员会调解民间纠纷进行业务指导是基层人民

法院的法定职责。由于人民法院是国家的审判机关,因此基层人民法院对人民调解工作的指导主要是通过审判活动在业务上给予指导。

(1) 通过审理涉及人民调解协议的民事案件进行指导。基层人民法院对人民调解委员会调解民间纠纷进行业务指导的一项重要内容,就是审理涉及人民调解协议的民事案件。经人民调解委员会调解达成调解协议以后,纠纷双方当事人认为有必要的,可以在规定期限内向人民法院申请司法确认,人民法院应当及时对调解协议进行审查,依法确认人民调解协议有效、无效,并通过司法确认工作对人民调解委员会的业务工作进行指导。对人民调解委员会工作中存在的问题,人民法院应当以适当的方式告知主管的司法行政部门和制作调解协议的人民调解委员会,提出相关的意见和建议,以便在今后的调解工作中加以改进。

(2) 与司法行政部门密切配合进行指导。加强对人民调解工作的指导,需要基层人民法院通过与司法行政部门进行密切配合,通力合作,共同开展工作。县级司法行政部门和基层司法所,应当主动加强与基层人民法院的联系、配合,及时了解掌握纠纷当事人就人民调解协议向人民法院提起诉讼的情况,以及人民法院依法维护、变更及撤销调解协议的情况,发现人民调解工作及调解协议制作过程中存在的问题,总结经验教训,针对薄弱环节,采取有效措施,进一步改进和提高工作质量。

(3) 通过诉讼调解与人民调解有机衔接进行指导

加强对人民调解工作的指导,需要基层人民法院切实采取有效措施,努力实现诉讼调解与人民调解的衔接配合,把指导人民调解工作与审判质量效率评估体系建设结合起来,用制度来引导和激励广大基层法官在实践中努力实现审判活动与非诉讼程序的协调运行。

此外,还需要正确处理好人民调解协议书与人民法院裁判文书的效力衔接,重视发挥诉讼调解程序简便、成本较低、便于执行的优势和人民调解信息灵、反应快、情况明的特点,力求案件处理法律效果和社会效果的有机统一。

▶条文参见

《人民调解委员会组织条例》第2条

第六条 鼓励和支持人民调解工作

> 国家鼓励和支持人民调解工作。县级以上地方人民政府对人民调解工作所需经费应当给予必要的支持和保障,对有突出贡献的人民调解委员会和人民调解员按照国家规定给予表彰奖励。

▶理解与适用

[对人民调解工作经费的支持和保障]

(1)明确责任主体为县级以上地方人民政府,即县(市、区)、市(地、州)、省(区、市)三级政府,其经费来源性质为地方财政。

(2)明确支持保障内容为人民调解工作经费。实践中,人民调解工作经费的开支范围应当包括司法行政机关指导人民调解工作的经费、人民调解委员会的补助经费、人民调解员的补贴经费。

(3)县级以上地方人民政府对人民调解工作经费的职责是给予必要的支持和保障。支持是基本的要求;保障是一项硬性责任,即地方政府必须拨付人民调解工作所需经费,以确保人民调解工作顺利开展;支持和保障以必要为限度。

(4)人民调解工作经费保障的具体办法主要是:①各级

司法行政机关指导人民调解工作的经费列入同级财政预算；②为支持人民调解委员会和人民调解员的工作，地方财政可根据当地经济社会发展水平和财力状况，适当安排人民调解委员会补助经费和人民调解员补贴经费。乡镇（街道）、村（居）委会、企事业单位等设立人民调解委员会和人民调解员的机构应继续在各方面对其提供支持；③人民调解委员会补助经费、人民调解员补贴经费的安排和发放应考虑每个人民调解委员会及调解员调解纠纷的数量、质量和纠纷的难易程度、社会影响大小以及调解的规范化程度。补助和补贴经费可由县级司法行政部门商同级财政部门确定。

[对人民调解委员会和人民调解员进行表彰和奖励]

对于人民调解员来说，因工作成绩显著或贡献突出而受到表彰和奖励，不仅是一种荣誉，也是一项权利。

（1）表彰奖励的主体是县级以上地方人民政府，即县（市、区）、市（地、州）、省（区、市）三级政府，其表彰性质属于政府表彰。

（2）表彰奖励的对象是有突出贡献的人民调解委员会和人民调解员。既包括本法所规定的村民委员会、居民委员会、乡镇、街道、企业事业单位、社会团体、其他组织等各种类型的人民调解组织，也包括了专、兼职在内的各类人民调解员。

（3）表彰奖励的条件是作出突出贡献。对突出贡献的理解应当结合本行政区域内的矛盾纠纷情况、人民调解工作效果等具体确定，一般应从调解纠纷情况、防止民间纠纷激化情况、挽回人身财产损失情况、开展法制宣传教育情况等方面加以考量。

（4）表彰奖励的形式既可以是授予荣誉称号，也可以是给予物质奖励，只要符合国家有关表彰奖励的规定即可。

▶条文参见

《人民调解工作若干规定》第41-42条；《人民调解委员会及调解员奖励办法》；《财政部、司法部关于进一步加强人民调解工作经费保障的意见》

第二章 人民调解委员会

第七条 人民调解委员会的性质

人民调解委员会是依法设立的调解民间纠纷的群众性组织。

▶理解与适用

在把握人民调解委员会的性质时需要注意：

（1）人民调解委员会是群众性组织。其本质是让人民群众组织起来，自己管理自己的事情，是人民群众自我管理、自我教育、自我服务的组织形式。人民调解委员会的群众性，主要体现在以下几个方面：①人民调解委员会是群众自治的组织。人民调解委员会由村（居）民委员会设立。人民调解委员会的委员由群众推选产生，人民调解委员会根据需要依照法定条件从群众中聘任其他人民调解员。②人民调解的工作范围是民间纠纷，主要是公民之间、公民与法人或者其他组织之间发生的涉及人身、财产权益的民事纠纷。③人民调解员与纠纷当事人地位平等。④人民调解不具有行政或司法等国家强制力的属性。人民调解协议的履行，主要依靠人民调解的公信力以及道德、舆论的约束力，由当事人自觉履行。人民调解协议在未通过司法确认之前不具有强制执行的效力。

（2）新型人民调解委员会的性质。本法附则规定了乡镇、街道以及社会团体或者其他组织根据需要可以参照本法有关规定设立人民调解委员会。这些新型的人民调解组织形式是近年来顺应实践的需要逐渐发展起来的，它们在本质上仍然是群众性组织。

（3）人民调解委员会应当依法设立。具体包含以下几层含义：①设立主体应当符合法律规定，主要包括村民委员会、居民委员会、企业事业单位、乡镇、街道、社会团体或者其他组织等；②相关工作制度应当符合法律规定，如调委会的产生方式、调解员的条件、调解不收费等；③人民调解委员会的工作范围应当符合法律规定，就是调解民间纠纷，不能调解涉及重大公共利益或者应当由专门机关管辖处理的纠纷案件。

▶条文参见

《宪法》第111条；《村民委员会组织法》第2条、第7条；《城市居民委员会组织法》第3条、第13条；《人民调解委员会组织条例》第2条；《人民调解工作若干规定》第2条

第八条　人民调解委员会的组织形式与人员构成

> 村民委员会、居民委员会设立人民调解委员会。企业事业单位根据需要设立人民调解委员会。
>
> 人民调解委员会由委员三至九人组成，设主任一人，必要时，可以设副主任若干人。
>
> 人民调解委员会应当有妇女成员，多民族居住的地区应当有人数较少民族的成员。

▶理解与适用

［人民调解委员会的组织形式］

（1）村民委员会、居民委员会设立人民调解委员会。根据本条规定，村（居）委会应当设立人民调解委员会，这也是宪法的要求。村（居）委会设立人民调解委员会是人民调

解组织的基本设立形式，是人民调解工作的主要组织基础。村（居）人民调解委员会重在解决群众生活中发生的矛盾纠纷。

（2）企业事业单位根据需要设立人民调解委员会。企业事业单位人民调解委员会则重在解决群众工作中发生的矛盾纠纷。与村（居）人民调解委员会略有区别的是，本法并不要求企业事业单位必须设立人民调解委员会，而是"根据需要设立"，由企业事业单位根据需要灵活掌握。一般认为，企业事业单位规模较大、职工较多、纠纷多发的，即有设立人民调解委员会的需要；企业事业单位规模较小、人数较少、纠纷不多，并能够及时通过其他合法途径有效化解矛盾纠纷的，可以不设立人民调解委员会。

[人民调解委员会的人员构成]

根据本条规定，人民调解委员会由委员3至9人组成。人民调解委员会委员的具体人数可根据需要由设立主体自行确定，但不能少于3人，不能多于9人。虽然本条未对人民调解委员会的具体人数作出规定，但人民调解委员会的组成人数以单数为宜，这主要是有利于在民主决策时采用少数服从多数的原则。

关于人民调解委员会的领导设置，本法规定：人民调解委员会设主任1人，必要时，可以设副主任若干人。是否设副主任以及设几个副主任，则应由设立主体根据需要确定。一般情况下，提倡至少设1名副主任，以备在主任缺位时可以代行主任的职责。

在委员的性别构成上，本法明确要求人民调解委员会应当有妇女成员，即无论人民调解委员会由几名委员组成，其中必须有至少1名委员为女性。这一规定体现了男女平等原则，使妇女有机会参与更多的社会事务；同时也能发挥妇女在调解婚姻、家庭、邻里纠纷方面所具有的优势。

在委员的民族构成上，本法明确要求多民族居住的地区应当有人数较少民族的成员。需要特别强调的是，人数较少的民族不一定是少数民族，在一个特定的行政区域或组织内，哪个民族的人数较少就是人数较少的民族。作此规定主要是出于民族平等和有利于纠纷解决的考虑。同一民族的群众在生活习惯、思想观念等方面较为接近，更能够互相理解和体谅，由本民族的群众作为调解员，能够较好地抓住纠纷的症结所在，把握纠纷当事人的心态，有利于矛盾纠纷的化解。

▶条文参见

《宪法》第111条；《村民委员会组织法》第9条、第25条；《城市居民委员会组织法》第7条、第13条；《人民调解委员会组织条例》第3条；《人民调解工作若干规定》第11条；《劳动争议调解仲裁法》第10条

第九条 人民调解委员会委员产生方式及任期

村民委员会、居民委员会的人民调解委员会委员由村民会议或者村民代表会议、居民会议推选产生；企业事业单位设立的人民调解委员会委员由职工大会、职工代表大会或者工会组织推选产生。

人民调解委员会委员每届任期三年，可以连选连任。

▶理解与适用

[村（居）民委员会人民调解委员会委员的产生方式]

根据本条规定，村（居）民委员会的人民调解委员会委员由村民会议或者村民代表会议、居民会议推选产生。推选工作应当遵守《村民委员会组织法》《城市居民委员会组织法》的有关规定。

[企业事业单位人民调解委员会委员的产生方式]

根据本条规定，企业事业单位人民调解委员会委员由职工

大会、职工代表大会或者工会组织推选产生。即企业事业单位人民调解委员会委员可以有三种产生方式,一是由职工大会推选产生,二是由职工代表大会推选产生,三是由工会组织推选产生。

[人民调解委员会委员的任期]

根据本条规定,人民调解委员会委员每届任期三年,可以连选连任。

人民调解委员会是基层群众性自治组织,人民调解是人民群众自己化解矛盾纠纷的重要形式。作为人民调解委员会委员,并不拥有什么权力,而是凭着对人民调解工作的热情而参与进来,同时,从事较长时间的人民调解工作也会积累一定的经验,因此,人民调解委员会委员可以连选连任,没有连任次数的限制。

▶条文参见

《村民委员会组织法》第17-18条、第21条;《城市居民委员会组织法》第8-10条;《工会法》第15条

第十条　人民调解委员会有关情况的统计与通报

县级人民政府司法行政部门应当对本行政区域内人民调解委员会的设立情况进行统计,并且将人民调解委员会以及人员组成和调整情况及时通报所在地基层人民法院。

▶理解与适用

本条是关于对人民调解委员会设立及其变动情况的统计和通报的规定。统计应由县级人民政府司法行政部门,即县(区)司法局进行,包括承担相应统计职责的乡镇(街道)司法所。对本行政区域内的人民调解委员会,无论是村(居)民委员会、乡镇(街道)设立的人民调解委员会,还是企业

事业单位、社会团体或其他组织设立的人民调解委员会，都应统计在内。

统计内容既包括人民调解委员会的设立情况，如设立时间、设立机构、名称、类型、驻在地和组成人员等静态情况，也包括人民调解委员会的名称变更、组织撤销、联合及分立情况、类型变更、组成人员变更等动态情况，并及时将统计内容报告给同级基层人民法院。

▶条文参见

《人民调解工作若干规定》第19条

第十一条 健全工作制度与密切群众关系

人民调解委员会应当建立健全各项调解工作制度，听取群众意见，接受群众监督。

▶理解与适用

[人民调解委员会工作制度]

人民调解委员会工作制度主要包括岗位责任制、例会、学习、考评、业务登记、统计和档案管理等。这些是人民调解委员会应当建立健全的基本制度，此外，根据工作发展和实际需要，还可以建立其他相关制度，以保障人民调解工作规范开展。

（1）岗位责任制度。岗位责任制度是人民调解委员会各项工作制度建设的核心内容，是通过明确调解员的责任，确定具体任务，并根据任务完成情况进行考核奖惩。

（2）纠纷登记制度。纠纷登记是人民调解委员会调解民间纠纷的依据，人民调解委员会对纠纷当事人的口头申请、书面申请或者主动介入调解纠纷的情况都应当进行登记。纠纷登记应当记明当事人姓名、性别、年龄、工作单位、家庭住址、纠纷事由，记录人签名或盖章，登记日期等。人民调解委员会应当设立专门的纠纷登记簿，定期汇总报送司法行政机关。

（3）统计制度。人民调解委员会应当确定专门的统计人员，设立各类统计台账，按照司法行政机关发放的统计报表项目认真填报，及时汇总上报。

（4）文书档案管理制度。调解文书包括纠纷登记的原始记录、调查笔录、调解笔录、调解协议书，以及调委会对调解未成功纠纷的处理意见和各种证明材料。建立文书档案管理制度要求设立保管人员，规定必要的调阅、保密管理办法，做好调解文书的审查、装订。

（5）回访制度。回访制度是人民调解委员会对已调解结案的纠纷，特别是比较复杂、可能出现反复的纠纷进行走访，了解相关情况的制度。回访的主要内容包括：协议的履行情况，当事人对调解协议的态度有无变化、行为有无反常，有无新的纠纷苗头和隐患，当事人对调解工作的意见和建议等。对回访中发现的纠纷苗头和影响调解协议履行的隐患，人民调解委员会要认真分析研判，提出解决办法。对有激化苗头的，要及时向相关部门报告。

（6）纠纷排查制度。纠纷排查制度是人民调解委员会定期或不定期地对辖区内的民间纠纷进行摸底、登记、分类处理的工作制度。通过纠纷排查，了解掌握纠纷信息，有针对性地开展调解工作。人民调解委员会既可以参加司法行政机关、综治维稳部门组织的集中排查，也可以根据纠纷情况或是在重要地区、重要节点自行组织排查。排查中要做到明确排查目的，掌握排查时间、范围和方法，通过逐门逐户逐人的摸底排查，掌握纠纷重点对象，填写排查工作统计表，妥善处置排查出的纠纷。

（7）纠纷信息传递与反馈制度。纠纷信息传递与反馈制度是指基层人民政府、相关部门和社会组织通过各种渠道将民间纠纷苗头和信息传送到人民调解委员会，人民调解委员会对纠纷信息进行研究分析、加工处理后，将具体的调解意见反馈给相关单位，为其科学预测、预防、化解民间纠纷提供依据。人民调解委员会要明确纠纷信息员，组织好纠纷信息的传递工作，涉及哪个部门、哪个调解组织的纠纷信息就传递到哪。要做好纠纷信息的分类处理，按照纠纷性质、轻重缓急、难易程度提出处理意见，对本调解组织可以调解的，提出解决意见并反馈给相关单位；对带有普遍性、规律性的常见、多发矛盾纠纷，在做好调解的同时，提出预防、疏导的措施和建议；对疑难、复杂、易激化的纠纷和群体性纠纷等，要在稳控事态的基础上，及时向相关部门和基层人民政府报告，请求相关职能部门处理。

除了上述七项基本制度外，各地也应结合实际积极探索完善人民调解工作制度体系，建立健全社情民意分析研判制度、重大纠纷集体讨论制度、重大疑难纠纷报告制度、矛盾纠纷调处跟踪反馈机制、群体性事件快速反应机制等，变被动调解为主动调解，变事后调解为事先防范，逐步形成一整套有效预防和化解矛盾纠纷的人民调解工作制度体系。

▶条文参见

《人民调解工作若干规定》第19条

第十二条　为人民调解委员会开展工作提供保障

村民委员会、居民委员会和企业事业单位应当为人民调解委员会开展工作提供办公条件和必要的工作经费。

▶理解与适用

本条规定了设立人民调解委员会的单位的保障责任。根据谁设立谁负责的原则,承担人民调解委员会办公条件和工作经费保障义务的主体是村(居)民委员会,以及根据需要设立人民调解委员会的企业事业单位、乡镇、街道、社会团体和其他社会组织。保障对象包括对人民调解委员会委员和人民调解员给予适当的误工补贴。保障范围包括人民调解委员会的办公条件及工作经费。

▶条文参见

《人民调解委员会组织条例》第14条

第三章 人民调解员

第十三条 人民调解员的构成

人民调解员由人民调解委员会委员和人民调解委员会聘任的人员担任。

▶理解与适用

人民调解委员会委员是人民调解委员会组成人员,是当然的人民调解员。除人民调解委员会委员担任的人民调解员外,人民调解委员会还可以根据需要聘任部分具有专业知识、专业技能并符合本法第14条规定条件的人员担任人民调解员。这类聘用人员既可以是专职调解员,也可以是兼职调解员。根据本条规定,非人民调解委员会委员的人民调解员只能通过聘任方式产生。之所以作这个区分,其原因在于人民调解委员会委员需要更强的代表性,不宜直接通过聘任确定。

▶条文参见

《人民调解委员会组织条例》第3条;《人民调解工作若干规定》第12条、第15条

第十四条 人民调解员的任职条件与业务培训

人民调解员应当由公道正派、热心人民调解工作,并具有一定文化水平、政策水平和法律知识的成年公民担任。

县级人民政府司法行政部门应当定期对人民调解员进行业务培训。

▶理解与适用

［担任人民调解员的条件］

根据本条规定,人民调解员应当具备下列条件:

（1）公道正派。这是对人民调解员道德品质的要求。所谓公道正派,是指为人公道,作风正派,能够客观地分析判断事务,分清是非和责任,并敢于坚持原则,弘扬正气,主持正义,面对纠纷能够作出公正的评判,能够为当事人所信服。公道正派是对人民调解员最基本的要求。

（2）热心人民调解工作。这是对人民调解员工作积极性方面的要求。热心人民调解工作,就是要热爱人民调解工作,积极、主动、耐心地从事人民调解工作,不在乎个人得失,勇于奉献。

（3）具有一定的文化水平、政策水平和法律知识。这些条件要求是从事人民调解工作所必需,但是对文化水平、政策水平和法律知识的理解不能片面化。一方面,人民调解的性质决定了人民调解员的优势往往不在于学历等因素,与之相比,调解技巧、群众威望可能更为重要。另一方面,我国不同地区的文化发展水平差异较大,文化水平的高低具有很强的相对性,因此,对人民调解员的受教育程度不宜作出一刀切的规定。政策水平和法律知识可以通过多种渠道、多种形式来获得,只要能够满足调解工作的需要即可。

（4）成年公民。在我国,成年是指年龄达到18周岁。人民调解员应当具有完全的民事行为能力,应当具有中国国籍,能够胜任比处理一般事务更为复杂、技巧性更强的人民调解工作。

[对人民调解员进行业务培训]

业务培训的内容应当包括政策理论、法律知识、调解技巧等。政策理论包括中国特色社会主义理论体系、党和国家的方针政策、当前形势等。法律知识包括宪法、合同法、物权法、劳动法、婚姻法、继承法、收养法等在人民调解工作中经常用到的法律知识,尤其是涉及人民调解的新的法律出台时,县级人民政府司法行政部门应当及时组织关于新的法律的培训。调解技巧包括如何与当事人沟通、如何把握调解时机、如何控制调解节奏等实用知识和技能。业务培训的内容应当紧密结合人民调解工作的实际,要有针对性和实用性。

▶条文参见

《劳动争议调解仲裁法》第11条;《人民调解委员会组织条例》第4条;《人民调解工作若干规定》第14条

第十五条　罢免或者解聘人民调解员的情形

人民调解员在调解工作中有下列行为之一的,由其所在的人民调解委员会给予批评教育、责令改正,情节严重的,由推选或者聘任单位予以罢免或者解聘:

(一)偏袒一方当事人的;

(二)侮辱当事人的;

(三)索取、收受财物或者牟取其他不正当利益的;

(四)泄露当事人的个人隐私、商业秘密的。

▶理解与适用

[人民调解员的行为规范]

(1)不得偏袒一方当事人。人民调解员应当主持公正,不得违背当事人的意愿，故意使调解结果有利于一方当事人，损害另一方当事人的利益。人民调解的首要原则就是"平等原则"，它要求双方当事人作为平等的民事主体参与调解，要求人民调解员平等地对待双方当事人。

（2）不得侮辱当事人。人民调解是通过文明手段化解民间纠纷的方式，在人民调解过程中，任何不文明的行为都应当予以禁止。既不能以语言羞辱当事人，也不能以行为羞辱当事人，对当事人人格或者名誉造成损害。

（3）不得索取、收受财物或者谋取其他不正当利益。人民调解员不得向当事人索要财物，也不得接受当事人主动给予的财物。"谋取其他不正当利益"，包括向当事人谋取不正当利益或者借助在人民调解工作中知晓的信息而谋取不正当利益。需要强调的是，只要人民调解员有索取、收受财物或者谋取其他不正当利益的行为，无论其在调解过程中是否偏袒一方当事人，均构成本条禁止的行为。

（4）不得泄露当事人的个人隐私、商业秘密。个人隐私，是指公民个人生活中不愿为他人公开或知悉的秘密。商业秘密，是指不为公众所知悉、具有商业价值并经权利人采取相应保密措施的技术信息和经营信息。商业秘密包括非专利技术和经营信息两部分。如生产配方、工艺流程、技术诀窍、设计图纸等技术信息；管理方法，产销策略，客户名单、货源情报等经营信息。

[人民调解员违反行为规范的法律后果]

人民调解员有本条规定的四项行为之一的，当事人以及当事人以外的任何人均可以向人民调解委员会反映情况，人民调解委员会也可以不定期地主动向群众了解人民调解员遵守行为规范的情况。人民调解委员会收到群众的反映或者发现人民调解员违反行为规范的，应当进行认真调查，经调查属实，情节轻微的，及时对人民调解员进行批评教育，责令其改正。当事人有过错的，应当同时对该当事人给予批评教育，并向其宣传国家法律、政策以及人民调解的原则等。人民调解员有本条规定的四项行为之一，情节严重，不适宜继续从事人民调解工作的，应当由推选或者聘任单位予以罢免或者解聘。

▶条文参见

《人民调解委员会组织条例》第12条；《人民调解工作若干规定》第17条

第十六条 人民调解员待遇

> 人民调解员从事调解工作，应当给予适当的误工补贴；因从事调解工作致伤致残，生活发生困难的，当地人民政府应当提供必要的医疗、生活救助；在人民调解工作岗位上牺牲的人民调解员，其配偶、子女按照国家规定享受抚恤和优待。

▶理解与适用

［人民调解员的误工补贴］

结合本法第6条和第12条的规定，对人民调解员误工补贴的保障主体，应理解为县级以上地方人民政府和设立人民调解委员会的村民委员会、居民委员会、企业事业单位等，以县级以上地方人民政府财政保障为主，设立单位保障为辅，二者互为补充。补贴的认定以人民调解员从事调解工作直接造成的经济损失和人民调解员开展工作中的必要经济开支为限度。

［人民调解员救助］

救助适用的对象是因从事调解工作致伤致残，且生活发生困难的人民调解员。实施救助的主体是当地人民政府，主要是县、市两级人民政府；救助的内容是必要的医疗、生活救助，这种责任是一种补充性的最低救助责任，是在调解员无法通过其他合理渠道得到救助时政府承担的责任，而非赔偿或补偿责任。

［人民调解员牺牲后的抚恤］

抚恤制度适用的对象限于在人民调解工作岗位上牺牲的人民调解员，实施的主体是民政部门，由民政部门按照国家相关规定确定抚恤和优待的具体内容。

第四章 调解程序

第十七条 人民调解的启动方式

当事人可以向人民调解委员会申请调解；人民调解委员会也可以主动调解。当事人一方明确拒绝调解的，不得调解。

▶理解与适用

［当事人申请调解］

（1）申请主体。发生纠纷后，可以由一方当事人向人民调解委员会申请调解，也可以由双方当事人共同申请调解，人民调解委员会均应当受理并及时安排调解员进行调解。

（2）申请形式。当事人申请人民调解，可以不拘形式。既可以口头申请，也可以书面申请。无论采取哪种申请形式，人民调解委员会都应当受理。人民调解委员会应当将当事人的申请记录在案。

（3）纠纷管辖。人民调解不像诉讼那样具有严格的管辖，但应当遵循与当事人有密切联系的原则、就近原则和有利于纠纷解决的原则。与当事人有密切联系的原则，是指当事人最好选择与其有密切联系的人民调解委员会申请调解，如居住地、户籍地、纠纷发生地、工作单位等设立的人民调解委员会。就近原则,是指当事人最好选择与其距离较近的人民调解委员会申请调解,如果纠纷当事人在同一社区,可选择本社区的人民调解委员会申请调解;如果纠纷当事人在同一单位,可选择本单位人民调解委员会申请调解;如果纠纷当事人互相不认识,可选择纠纷发生地的人民调解委员会申请调解。有利于纠纷解决原则,是指当事人最好选择能够较好解决纠纷的人民调解委员会申请调解,如果纠纷属于某一行业领域或者具有较强的专业性,可以选择行业性或者专业性人民调解委员会申请调解,如消费纠纷人民调解委员会、医疗纠纷人民调解委员会等。当事人认为纠纷疑难复杂、涉及面广或者属于群体性的民间纠纷,或者跨地区、跨单位的民间纠纷,可以向乡镇、街道人民调解委员会申请调解。跨地区、跨单位的民间纠纷,还可以申请相关人民调解委员会共同调解。

(4)人民调解委员会受理纠纷。人民调解工作没有专门的受理环节,也不需要给当事人发受理通知书,只要人民调解委员会认为申请事项属于人民调解的工作范围,即应开始对纠纷进行调解,即意味着已经受理。如果申请事项应由国家专门机关管辖,不属于民间纠纷范畴,人民调解委员会应向当事人说明情况,指引当事人向有管辖权的机关提出申请。当事人向人民调解员提出调解申请的,必要时人民调解员可以立即对纠纷进行调解,并做好登记工作。

[人民调解委员会主动调解]

主动调解是指人民调解委员会在没有当事人申请的情况下,主动为当事人调解纠纷。人民调解组织主动介入民间纠纷的调解,是人民调解组织发挥作用的有效途径和方法,也是人民调解有别于其他纠纷解决机制的一大特色和优势。人民调解委员会主动介入调解,能够抓住化解矛盾纠纷的最佳时机,使矛盾纠纷解决在萌芽状态。

人民调解委员会可以通过以下几种渠道发现矛盾纠纷：（1）人民调解委员会可以定期对群众间的矛盾纠纷进行排查，发现纠纷就要及时化解，防止矛盾纠纷激化升级。（2）基层人民政府要求人民调解委员会主动介入调解纠纷。基层人民法院、公安部门或者政府有关部门发现适宜通过人民调解方式解决的矛盾纠纷，也可以及时告知人民调解委员会，由人民调解委员会主动介入。（3）人民调解委员会在工作中发现矛盾纠纷。人民调解员在调解纠纷时，可能发现相关联的其他矛盾纠纷，此时，人民调解委员会可以主动调解该纠纷。（4）社会组织、群众向人民调解委员会反映的矛盾纠纷。群众发现矛盾纠纷，可以向人民调解委员会反映。人民调解委员会认为适宜调解的，可以主动调解。

[当事人拒绝调解的处理]

根据自愿原则，在人民调解过程中，当事人不愿再继续调解的，可以随时要求终止调解。根据本条规定，当事人一方明确拒绝调解的，不得调解。当事人明确拒绝调解主要有以下三种情形：（1）一方当事人申请调解的，另一方当事人明确拒绝调解；（2）双方当事人均未申请调解，人民调解委员会主动调解的，一方或者双方当事人明确拒绝调解；（3）在调解的过程中，一方或者双方当事人明确拒绝调解。

当事人拒绝调解，需要以明示的方式表达出来，即以口头或者书面的形式告知人民调解委员会或者人民调解员不愿接受调解或者不愿继续调解。当事人对人民调解工作不满意或不配合，但没有明示拒绝调解的，不属于拒绝调解。

对于当事人拒绝调解的，人民调解员应当终止调解，并根据本法第26条的规定，告知当事人可以依法通过仲裁或者行政、司法途径维护自己的权利。发现纠纷有可能激化，甚至引起治安案件、刑事案件的，应当根据本法第25条的规定，采取有针对性的预防措施，并及时向有关部门报告。

▶条文参见

《人民调解委员会组织条例》第7条；《人民调解工作若干规定》第23条

第十八条 告知当事人申请人民调解

> 基层人民法院、公安机关对适宜通过人民调解方式解决的纠纷，可以在受理前告知当事人向人民调解委员会申请调解。

▶理解与适用

在适用本条规定时应当注意把握以下几个方面：

（1）告知当事人申请人民调解的主体是基层人民法院、公安机关。之所以限定为基层人民法院，是因为基层人民法院受理的民事纠纷，大量的是较为普通、标的额较小的纠纷，适宜通过人民调解解决。限定为基层公安机关的道理也是如此。

（2）只有对适宜通过人民调解方式解决的纠纷，才可以告知当事人向人民调解委员会申请调解。对不适宜通过人民调解方式解决的纠纷，应由基层人民法院、公安机关依法处理，不能告知和劝告当事人向人民调解委员会申请调解。适宜通过人民调解方式解决的纠纷，主要是公民之间、公民与法人或者其他组织之间发生的涉及人身、财产权益的民事纠纷，且这些纠纷涉及的权利义务关系都是当事人能够自行处分的。从近些年的人民调解工作实践来看，人民调解委员会调解的案件类型主要包括：邻里纠纷、婚姻家庭纠纷、损害赔偿纠纷、土地承包纠纷、房屋宅基地纠纷、合同纠纷、劳动纠纷等。

（3）告知当事人申请调解的时间是基层人民法院、公安机关受理案件前，通常是在当事人起诉时或者申请公安机关处理纠纷时。基层人民法院或者公安机关在了解纠纷的基本情况后，认为适宜人民调解的，应该尽快告知当事人可以向人民调解委员会申请调解。当事人不了解人民调解的，应当向其介绍人民调解的特点和优势。基层人民法院、公安机关受理案件后，即已经进入了相应的法定程序，再告知当事人可以申请调解，已经失去了最佳时机。

（4）基层人民法院、公安机关应当向当事人介绍人民调解委员会的设立情况，根据当事人的情况帮助其选择较为便利的人民调解委员会，一般是当事人居住地、所在单位或者纠纷发生地的人民调解委员会。如果基层人民法院、公安机关设立了人民调解工作室，可以告知其可以直接到人民调解工作室申请调解。

（5）是否向人民调解委员会申请调解，由当事人自主决定。基层人民法院、公安机关告知当事人可以向人民调解委员会申请调解后，当事人拒绝申请调解的，对属于其管辖范围的案件，基层人民法院、公安机关应当及时受理，不得因未经调解而不予受理。

（6）人民调解委员会接到当事人的申请后，应当受理，并尽快安排调解员对纠纷进行调解。调解不成的，应告知当事人可以通过仲裁、行政、司法等途径维护自己的权利。调解的结果，应当告知相关基层人民法院、公安机关。

第十九条 人民调解员的确定

人民调解委员会根据调解纠纷的需要，可以指定一名或者数名人民调解员进行调解，也可以由当事人选择一名或者数名人民调解员进行调解。

▶ 理解与适用

根据本条规定，人民调解员的确定途径有两个：第一，由人民调解委员会根据调解纠纷的需要指定；第二，由当事人选择人民调解员进行调解。

1. 人民调解委员会根据调解纠纷的需要指定人民调解员

具体包括：

（1）根据不同纠纷的种类指定不同的人民调解员

民间纠纷的种类繁多，包括婚姻家庭纠纷、邻里关系纠纷、债务纠纷等，纠纷的类型不同，调解纠纷的人民调解员也应不同。比如，婚姻家庭纠纷，一般由那些已婚的、德高望众的、善于处理婚姻家庭关系的人民调解员，包括一些女性人民调解员进行调解比较合适；邻里纠纷，由那些与纠纷双方都比较熟悉，又受纠纷双方尊重的人民调解员进行调解可能更为妥当；债务纠纷，由那些精通法律的人民调解员进行调解，有利于清楚准确地向当事人讲解有关法律和国家政策，促使当事人在平等协商、互谅互让的基础上达成调解协议。针对不同的纠纷指定不同的人民调解员调解，可以取得事半功倍的效果。

（2）根据纠纷当事人的身份特点指定适宜的人民调解员

纠纷当事人有男有女、有老有少、有汉族也有其他少数民族，考虑当事人的这些特点指定适宜的人民调解员进行调解，有助于纠纷的解决。比如，对于外嫁女失地引发的土地承包纠纷，由女性人民调解员调解，其提出的纠纷解决方案可能容易为女性当事人接受；少数民族发生的纠纷，由本民族的人民调解员调解，可以解除当事人存在的少数民族可能会受到不公正待遇的担忧。

（3）根据纠纷的复杂程度、影响大小、紧迫与否指定人民调解员

民间纠纷有的发生在二人之间或者夫妻、家庭之间，情节

比较简单、社会影响不大，而有的纠纷涉及人数较多，各种矛盾交织，影响面广，比较复杂；有的纠纷属于小打小闹，当事人之间时好时坏，矛盾虽断断续续发生但没有激化的迹象，而有的纠纷由来已久，长期得不到解决并有突发的可能。指定人民调解员调解纠纷要考虑纠纷的性质和特点，对于情节简单、较易处理、可以掌控的纠纷，可以考虑指定一名人民调解员进行调解，介入调解工作的时间也不一定太紧迫；而对于情节复杂、影响面广，不及时处理就可能导致矛盾激化的纠纷，可以考虑指定多名人民调解员进行调解，特别是当纠纷具有群体化、扩大化、暴力化倾向时，为了控制事态的发展，人民调解委员会应尽可能派更多的人民调解员，马上赴现场解决纠纷。

一般而言，人民调解委员会指定人民调解员的具体方式包括以下三种：（1）纠纷发生后，当事人尚未向人民调解委员会申请调解，人民调解委员会为了及时解决民间纠纷、消除不安定因素，维护社会和谐稳定，主动指定人民调解员进行调解；（2）当事人申请人民调解委员会调解，但没有选择人民调解员，由人民调解委员会指定人民调解员；（3）当事人拒绝对方选择的人民调解员进行调解，无法就选择人民调解员达成共识，由人民调解委员会指定人民调解员。当事人对人民调解委员会指定的人民调解员没有明确表示拒绝的，人民调解员都可以进行调解。

2. 当事人选择人民调解员调解

为了保证人民调解的公平、公正，本条规定当事人可以选择一名或者数名人民调解员进行调解。也就是说，当事人可以共同选择一名或者数名人民调解员进行调解，也可以各自选择一名或者数名人民调解员进行调解。从人民调解的实践来看，由当事人选择的人民调解员进行调解，能够较快地促使当事人在平等协商基础上达成调解协议。

第二十条　邀请、支持有关人员参与调解

> 人民调解员根据调解纠纷的需要,在征得当事人的同意后,可以邀请当事人的亲属、邻里、同事等参与调解,也可以邀请具有专门知识、特定经验的人员或者有关社会组织的人员参与调解。
>
> 人民调解委员会支持当地公道正派、热心调解、群众认可的社会人士参与调解。

▶理解与适用

[邀请相关人员参与调解]

本条第1款规定人民调解员根据调解纠纷的需要,在征得当事人的同意后,可以邀请有关人员参与调解。适用这一规定时需要注意以下两点:

(1)是否邀请当事人的亲属、邻里、同事和具有专门知识、特定经验的人员或者社会组织人员等参与调解,应当根据调解纠纷的需要来判断,而不是每个纠纷的调解都必须邀请上述人员参与调解。

(2)邀请有关人员参与调解,应当征得当事人的同意。根据本法规定,人民调解应当在当事人自愿的基础上进行,这包括是否进行调解、采取什么方式调解以及由谁主持调解和参与调解等。调解有关环节和做法,都应当尊重当事人的意愿。当事人不愿意其他人员参与调解的,人民调解委员会不应安排参与调解。这里的"征得当事人的同意"包括当事人明确表示赞同,也包括当事人没有表示反对。规定"征得当事人的同意",还考虑到,有的纠纷涉及当事人的隐私或者商业秘密,不希望更多的人知晓,强调在"征得当事人的同意"后,可以邀请他人参与调解也是保护当事人隐私或者商业秘密的需要。在有的情况下,当事人通过人民调解的方式解决民间纠

纷，是希望以不伤情面的方式解决纠纷，不希望他人，包括亲属、邻里或者同事等知晓纠纷的内情，如果不征得当事人同意而邀请他人参与调解，有可能使纠纷双方因顾及面子而产生对立情绪，反而不利于纠纷的顺利解决。

[支持社会人士参与调解]

本条第2款规定，人民调解委员会应当支持有关社会人士参与调解。在适用时应当把握以下几点：

（1）在社会人士主动参与调解的情况下，人民调解委员会应当采取积极的态度，为其参与调解提供便利和条件。人民调解员与参与调解的社会人士在调解工作中应当相互配合，共同做好调解工作。

（2）人民调解委员会对当地有关社会人士的品行、威望等应当有所了解，对为人处事公道正派、热心人民调解工作、在群众威信较高的社会人士参与调解，应当给予支持。

（3）本款中所指的"社会人士"不仅包括中国公民，也可以包括在华的外籍人士。在民间纠纷当事人中有外国居留者的情形下，由既了解外国当事人的法律观念或者风俗习惯，也了解我国法律、政策的外籍人士参与调解，可以更为妥善、顺利地通过人民调解的方式解决纠纷。由外国人参与调解还可以使外国居留者更愿意通过人民调解的方式解决民间纠纷，有助于更好地实现和谐共处。

▶条文参见

《人民调解委员会组织条例》第27条；《最高人民法院关于人民法院特邀调解的规定》

第二十一条 人民调解员调解工作要求

人民调解员调解民间纠纷,应当坚持原则,明法析理,主持公道。

调解民间纠纷,应当及时、就地进行,防止矛盾激化。

▶理解与适用

本条规定了人民调解员调解民间纠纷工作的要求,具体而言,有以下几点:

[坚持原则]

结合本法第3条的规定,人民调解员在调解民间纠纷时,应当在当事人自愿、平等的基础上进行调解;不违背法律、法规和国家政策;尊重当事人权利,不得因调解而阻止当事人依法通过仲裁、行政、司法等途径维护自己的权利。

[明法析理]

人民调解员在调解民间纠纷时,要通过诠释法律法规和国家政策规定,向当事人讲明道理而促成当事人之间的和解。在理解时应当注意把握以下几点:

(1)明法析理要以事实为依据。人民调解员调解民间纠纷应当根据事实,从纠纷、争议的实际出发。事实就是实际发生的事情,即各种事态的客观存在。在牵涉利益纠纷的时候,尽管是对于同一存在的事实,当事人的认识或者主张也可能并不一致,认清事实就成为处理和解决各种争议的前提和基础。解决民间纠纷,应当实事求是,从具体实际出发,注重证据和调查研究,还客观事实以本来面目,并以客观事实作为分清当事人是非曲直和加以判断的依据。

(2)明法析理要以法律为准绳。人民调解员在调解民间纠纷时,应当按照法理和法律规定进行思维,要从法理、法律精神、社会现实情况等多方面处理纠纷,不能脱离法理和法律，甚至违背人情和公理去考虑问题。人民调解的程序、方法和内容都不得违反法律，不得损害国家、集体和他人的权益。

对于法律有明确规定的问题，人民调解员应当把法律的规定诠释透彻，把案情同法律规定有机地结合起来对照分析，这样当事人会很容易接受。对于法律没有规定的问题，人民调解员应当结合国家政策、公序良俗加以讲解，当事人也会接受或认可人民调解员的建议，妥善了结纠纷。

需要注意的是，"明法析理"的"法"是一个广义的概念，既包括与民间纠纷有关的法律，如婚姻法、继承法、物权法、合同法、侵权责任法等，还包括相关的行政法规、地方性法规等。

[主持公道]

人民调解员在调解民间纠纷时，要处于居中地位，不偏不倚，做到客观、公正、公平。不论是弱势的一方还是强势的一方，人民调解员都要一视同仁，不偏袒任何一方。结合本法第14条和第15条的规定，人民调解员应当由公道正派、热心人民调解工作，并具有一定文化水平、政策水平和法律知识的成年公民担任。人民调解员在调解工作中偏袒一方当事人的，由其所在的人民调解委员会给予批评教育、责令改正，情节严重的，由推选或者聘任单位予以罢免或者解聘。

[及时、就地进行，防止矛盾激化]

本法未规定人民调解委员会调解民间纠纷相关程序的期限，但调解民间纠纷也应当尽可能快速、高效率地进行，及时处理和解决当事人之间的争议。人民调解员应当对民间纠纷高度重视并及时调处，不能久拖不决。

人民调解的民间性决定了其从形式到程序都应区别于有关行政处理和司法程序。就地调解意味着除专门的调解工作场所以外，田间、地头、炕头都可以是开展调解工作的场所。人民调解应当不拘形式、灵活便捷、便民利民，这既是人民调解的特点，也是人民调解的优势。

正确调解好民间纠纷，很重要的一点就是要及时准确地掌握纠纷事件的真相，掌握纠纷当事人的心理。在查明案情，分清是非的基础上，结合当事人心理活动等具体情况，注意调解方法，不回避矛盾，以事实为根据，以法律为准绳，避免矛盾激化。同时，依照本法的规定，人民调解员在调解纠纷过程中，发现纠纷有可能激化的，应当采取有针对性的预防措施；对有可能引起治安案件、刑事案件的纠纷，应当及时向当地公安机关或者其他有关部门报告。

▶条文参见

《劳动争议调解仲裁法》第3条

第二十二条　调解程序与调解方式

> 人民调解员根据纠纷的不同情况，可以采取多种方式调解民间纠纷，充分听取当事人的陈述，讲解有关法律、法规和国家政策，耐心疏导，在当事人平等协商、互谅互让的基础上提出纠纷解决方案，帮助当事人自愿达成调解协议。

▶理解与适用

[根据纠纷的不同情况，采用多种方式调解]

针对纠纷的不同情况采取灵活的方式，有利于调解工作的顺利进行。(1)对相对简单的纠纷，人民调解员可以帮助当事人进行分析，提供参考意见和方案，促进当事人达成调解；(2)对相对复杂、矛盾尖锐的纠纷，人民调解员在调解纠纷过程中，发现纠纷有可能激化的，应当采取有针对性的预防措施；(3)对有可能引起治安案件、刑事案件的纠纷，应当及时向当地公安机关或者其他有关部门报告；(4)人民调解员在调解纠纷过程中,发现纠纷不属于人民调解范围或者调解不成的,应当终止调解,并依据有关法律、法规的规定,告知当事人可以依法通过仲裁或者行政、司法途径维护自己的权利。

[充分听取当事人的陈述]

人民调解员在调解过程中,应当充分听取双方当事人对事实和理由的陈述,耐心询问产生纠纷的有关情况,了解当事人的真实诉求,不能偏听偏信,主观臆断,更不能在没有充分听取当事人陈述的情况下提出意见和解决方案。本法没有对调解中的证据问题作出明确规定,当事人在陈述事实和理由时,可以提供相应的证据,以协助人民调解员查明事实。但没有提供证据的,不妨碍调解工作的进行,人民调解员也不得据此停止或者拒绝调解。人民调解员也可以主动调查有关事实。

[讲解有关法律、法规和国家政策,耐心疏导]

人民调解员在调解过程中,需要根据法律、法规和国家政策,明法析理,真正做到以理服人。当事人有不正当要求和不切实际的愿望的,人民调解员要学会运用法律、法规和国家政策,适时指出当事人主观意愿的不合理性或者违法性以及将会造成的严重后果,引导其权衡利弊,以正确的心态对待纠纷所涉及的问题。人民调解员在调解过程中运用法律和国家政策,应当把握好时机、场合以利于纠纷的解决。

由于一些民事纠纷的尖锐性、复杂性以及处理过程中表现出来的矛盾对立性、多变性,人民调解员应在事实的基础上,根据法律、法规和国家政策,耐心疏导,说服教育,做到以理服人,而不能以势压人。人民调解员可以提出调解意见和方案,但不能强迫当事人接受自己的主张。

[在当事人平等协商、互谅互让的基础上提出纠纷解决方案]

人民调解员在调解过程中必须公道、公正,不偏不倚,充分听取当事人的陈述，讲解有关法律、法规和国家政策，耐心疏导，引导双方当事人平等协商、互谅互让，在此基础上，根据双方当事人的意愿，提出纠纷解决方案。人民调解员在调解过程中要充分认识自己所处的位置，摆正自己的角色，绝对不能在双方当事人没有平等协商、互谅互让的情况下，提出纠纷解决方案，否则不但不能促成调解协议的达成，还有可能使当事人对人民调解员的中立角色产生怀疑，增加对人民调解员的不信任，不利于调解制度的发展，在有的情况下，甚至还可能激化矛盾。

[帮助当事人自愿达成调解协议]

人民调解员在调解过程中，虽不能代双方当事人作出决定，不能强迫当事人达成调解协议，但可以积极主动地使双方当事人消除隔阂、误解、怨恨，摒弃那些不适当的要求和不切实际的愿望，使其思想转到正确的轨道上来。人民调解员应积极有效地创造或提供有利于当事人双方达成一致的主、客观条件，最终实现纠纷的妥善解决。

当事人达成调解协议应当是双方自愿的，调解协议的内容反映双方当事人的真实意愿。调解内容涉及双方当事人具体权利义务的，人民调解员应当尊重当事人按照自己的意愿进行处理。人民调解员的调解方案和意见不能强加于人，否则即使达成了调解协议，也可能得不到履行，达不到定分止争的目的。

▶条文参见

《农村土地承包经营纠纷调解仲裁法》第9条；《劳动争议调解仲裁法》第13条

第二十三条　人民调解活动中的当事人权利

当事人在人民调解活动中享有下列权利：
（一）选择或者接受人民调解员；
（二）接受调解、拒绝调解或者要求终止调解；
（三）要求调解公开进行或者不公开进行；
（四）自主表达意愿、自愿达成调解协议。

▶理解与适用

本条规定了当事人在人民调解活动中享有的权利，这是当事人意思自治原则在调解程序中的具体体现，主要包括：

[选择或者接受人民调解员]

人民调解程序中当事人可以选择或者接受人民调解员，这一权利和诉讼制度中的当事人权利有所区别。诉讼制度中，对于审判员的确定，当事人无权选择，仅在当事人认为承办案件的审判人员与自己或者对方当事人，或者与整个案件有利害关系有可能影响公正审判时，可以提出回避申请。诉讼程序中当事人提出的回避申请，需经人民法院审查，并作出是否让相关人员回避的决定，申请回避的当事人对人民法院的决定不服的，可以申请复议一次。因此，除申请回避的权利外，诉讼程序中当事人对于审判人员的确立无权作出选择，这也是诉讼制度强制性特点的体现。

人民调解制度作为非公力救济方式，当事人意思自治是其基础，当事人对于调解有一定的控制权。整个调解程序中，当事人意思处于重要地位，当事人对调解的合意选择授予人民调解机构和调解员以管辖权，而该管辖权也可以随时因一方或者双方终止调解的意思表示而消灭。具体来讲，根据本法第三章的规定，可供当事人选择和接受的人民调解员，包括经推选产生的人民调解委员会委员和人民调解委员会根据需要聘任的符合本法规定条件的调解员。此外，人民调解员应当由公道正派、热心人民调解工作，并具有一定文化水平、政策水平和法律知识的成年公民担任。

[接受调解、拒绝调解或者要求终止调解]

同诉讼制度及仲裁制度相比，人民调解制度中的当事人享有广泛的权利。在诉讼程序中，一般情况下，诉讼程序开始后应当依照法定程序连续进行，经过法定阶段作出裁判，整个诉讼过程和结果依法律规定而进行，不以当事人意志为转移。只有出现法定事由的情形下（如一方当事人死亡等），才中止诉讼或者终结诉讼。对于审判结果，当事人没有拒绝接受的权利而只有服从履行的义务，这也是国家审判权强制性的内在属性。仲裁制度，虽然和人民调解制度具有共同的"非公力救济"的特点，但仲裁制度中的当事人权利和人民调解制度中的当事人权利，仍有区别。人民调解和仲裁相比，当事人的调解意愿较之仲裁意愿更具有自主性。在调解过程中，任何一方当事人可以不再参加调解或者中止调解，此时调解即告结束；而在仲裁程序中，除非双方当事人达成和解协议或者申请人由于某种原因撤案，否则被申请人即使不再参加仲裁或者不出庭，仲裁庭仍有权根据仲裁程序规则的规定继续审理直到作出最终裁决。

[要求调解公开进行或者不公开进行]

调解的基础和前提是当事人意思自治。当事人可以要求调解公开进行，也可以要求不公开进行。当事人要求调解不公开进行的，应予准许。调解以自愿为基础，不需要以公开的方式进行监督。如果当事人感到调解员有偏向，影响纠纷合理解决时，可以拒绝接受调解，调解自然宣告结束。调解成功的基本前提是消除当事人的后顾之忧，给当事人创造一个和谐可信赖的环境和氛围。调解当事人主要通过协商解决纠纷，其纠纷往往涉及各方面的商业秘密和个人隐私，即使不构成商业秘密或者个人隐私的一些信息，当事人也不愿对外公开，这种情况下，公开调解反而成为调解成功的障碍。

[自主表达意愿、自愿达成调解协议]

(1) 自主表达意愿

自愿原则是人民调解制度的基本原则，人民调解委员会不是审判机关和行政机关，没有强制权力。在依法、平等、自愿及不违背法律、法规和国家政策的基础上，人民调解员在调解中采用的最主要调解方法是"教之以行，动之以情，晓之以理，喻之以法"，通过耐心的说服教育工作使相关当事人纠纷能得到及时处理。在调解过程中，调解员要善于倾听双方当事人意见，由当事人自主、充分的表达意愿，不可先入为主、偏听偏信。只有将调解过程建立在当事人自主、充分表达意愿的基础上，才能够真正查清事实真相，找出纠纷发生的原因和争执的焦点，最终对双方当事人达成调解协议化解纠纷起到积极作用。

(2) 自愿达成调解协议

在人民调解委员会主持下，经过双方当事人自主表达意愿、多轮的商讨、互谅互让，最终双方自愿达成一致意见而达成的协议即是调解协议。调解协议是当事人在平等和自愿的前提下达成的，虽然双方可能都做出了让步，牺牲了自己在纠纷发生时要求的部分利益，然而他们最终发现，只有彼此都接受双方同意的约束，才是唯一现实的选择，这正是当事人自主参与的结果。

需要说明的是，人民调解委员会主持下达成的调解协议，对当事人具有约束力。调解协议主要靠当事人的诚信自觉履行，经人民法院司法确认的有效调解协议，还具有强制执行力。

▶条文参见

《人民调解工作若干规定》第6条

第二十四条　人民调解活动中的当事人义务

当事人在人民调解活动中履行下列义务：
（一）如实陈述纠纷事实；
（二）遵守调解现场秩序，尊重人民调解员；
（三）尊重对方当事人行使权利。

▶理解与适用

本条规定了当事人在人民调解活动中应当履行的义务，主要包括：

[如实陈述纠纷事实]

在人民调解活动中，当事人应当如实陈述纠纷事实。只有如实陈述纠纷事实，才能让调解人员了解纠纷的事实真相、弄清事实、分清是非，找准纠纷的症结，进行调解工作，从而达成调解协议、解决纠纷。有的当事人为了在调解过程中占优势，让调解人员在事实判断上倾向于其一方，只陈述对自己有利而于对方不利的事实，掩盖、缩小对自己不利的事实，甚至还会故意歪曲或者虚假陈述纠纷事实，在这种情形下，调解人员通过听取当事人双方的陈述，辅之其他证据、证言，判断事实真相。

[遵守调解现场秩序，尊重人民调解员]

（1）当事人应当遵守调解现场秩序。在调解过程中，当事人应举止文明；在人民调解员许可下发言、陈述和辩论；不得哄闹，寻衅滋事，扰乱调解秩序；不得侮辱、诽谤、威胁、殴打人民调解员或其他调解参与人。

（2）当事人应当尊重人民调解员。人民调解员作为当事人之间纠纷的倾听者、中间裁判者、调和者，主持人民调解的整个过程,在调解过程中,当事人应当尊重人民调解员,不得侮辱、诽谤、威胁、殴打人民调解员。人民调解员也应通过学习、培训,掌握法律、法规和国家政策以及调解技能,不断提高自己的知识储备、业务能力、调解能力,规范调解行为,在调解过程中树立人民调解员的威信,主动赢取当事人的尊重。

[尊重对方当事人行使权利]

在人民调解过程中,当事人应尊重对方当事人行使权利,包括本法第23条规定的当事人在人民调解活动中享有的权利。任何一方当事人应尊重对方当事人行使上述权利,这也是一方当事人享有权利时对方当事人及其他人应履行的义务。双方当事人要依照法律规定约束自己的行为,只有规定当事人应尊重对方当事人行使权利,才能从另一方面保障各方当事人的这些权利落到实处。

▶条文参见

《民事诉讼法》第52条第3款;《人民调解工作若干规定》第7条

第二十五条 调解过程中预防纠纷激化工作的措施

人民调解员在调解纠纷过程中,发现纠纷有可能激化的,应当采取有针对性的预防措施;对有可能引起治安案件、刑事案件的纠纷,应当及时向当地公安机关或者其他有关部门报告。

▶理解与适用

人民调解员要明确责任,注重预防,立足抓小、抓早、抓苗头,认真做好矛盾纠纷排查调处工作,努力把矛盾纠纷化解在萌芽状态。对可能激化的纠纷,人民调解员应当及时发现,有针对性地采取措施,做到预警在先、教育在先、控制在先、早作处理。对人民调解委员会调解不了、有关部门一时难以解决的矛盾纠纷，人民调解委员会和人民调解员要配合政府和有关部门、组织做好教育、疏导、转化工作，引导群众自觉守法，依法维护自身的合法权益，防止过激行为，维护社会稳定。对可能引起治安案件、刑事案件的纠纷，发现苗头后，人民调解员应当及时向人民调解委员会通报，并及时向当地公安机关或者其他有关部门报告，尽快处理，防止矛盾纠纷激化引起治安案件和刑事案件的发生。

第二十六条　调解终止

人民调解员调解纠纷，调解不成的，应当终止调解，并依据有关法律、法规的规定，告知当事人可以依法通过仲裁、行政、司法等途径维护自己的权利。

▶理解与适用

［调解不成］

调解不成的情形主要包括：一是纠纷不属于人民调解的范围；二是由于当事人拒绝调解、提前终止调解或者当事人未能就调解协议达成一致。

（1）不属于人民调解的范围

由于民间纠纷的具体内容是发展变化的，不同地区的矛盾纠纷表现也不同，列举民间纠纷的具体内容认识上不尽一致，也难免挂一漏万。因此本法对民间纠纷的具体内容未作具体规定，只在第2条规定，人民调解是指人民调解委员会通过说服、疏导等方法，促使当事人在平等协商基础上自愿达成调解协议，解决民间纠纷的活动。

一些法规和部门规章对于人民调解委员会不予受理的纠纷范围作了规定。例如，司法部《人民调解工作若干规定》第22条规定，人民调解委员会不得受理调解下列纠纷：①法律、法规规定只能由专门机关管辖处理的，或者法律、法规禁止采用民间调解方式解决的；②人民法院、公安机关或者其他行政机关已经受理或者解决的。

根据司法部《人民调解工作若干规定》第20条规定，人民调解委员会调解的民间纠纷，包括发生在公民与公民之间、公民与法人和其他社会组织之间涉及民事权利义务争议的各种纠纷，这也就意味着人民调解委员会可以调解商事纠纷或者专业性很强的纠纷，从而突破了以往人民调解委员会只调解公民之间涉及人身、财产权益和其他日常生活中发生纠纷的固有模式，使人民调解工作向更广阔的领域延伸。

根据最高人民法院、司法部《关于进一步加强新形势下人民调解工作的意见》第5条的规定，人民法院对刑事自诉案件和其他轻微刑事案件，可以根据案件实际情况，参照民事调解的原则和程序，尝试推动当事人和解，尝试委托人民调解组织调解。所谓轻伤害案件是指因民间纠纷引发的故意伤害致人轻伤，且社会影响不大的案件。但有下列情形之一的轻伤害案件，不属于委托人民调解的范围：①雇凶杀人、涉黑涉恶、寻衅滋事、聚众斗殴及其他恶性犯罪致人轻伤的；②行为人系累犯，或在缓刑、保外就医、所外执行、假释、取保候审、监视居住期间，因纠纷致人轻伤的；③多次伤害他人身体或致三人以上轻伤的；④轻伤害案件中又涉及其他犯罪的；⑤携带凶器伤害他人的；⑥其他不宜委托人民调解的。

（2）当事人拒绝调解、提前终止调解或者当事人未能就调解协议达成一致

实践中，调解不成的因素主要有：当事人一方态度消极，没有耐心进行协商，或者是斤斤计较，或者是恶意借此拖延纠纷解决过程，导致调解程序的滥用；调解效力的权威性不够；调解组织本身力量的薄弱和局限或者调解员解决纠纷的能力；

当事人对最终结果寄予过高希望，使协议难以达成；当事人自身素质等。

[终止调解后的其他救济]

对于人民调解员在调解纠纷过程中，发现纠纷不属于人民调解范围或者调解不成的，终止调解。人民调解员可以根据案情，根据调解的主体不同，并依据有关法律、法规的规定，告诉当事人可以通过仲裁、行政、司法等途径维护自己的权利。

▶条文参见

《人民调解工作若干规定》第22条

第二十七条　人民调解材料立卷归档

人民调解员应当记录调解情况。人民调解委员会应当建立调解工作档案，将调解登记、调解工作记录、调解协议书等材料立卷归档。

▶理解与适用

人民调解工作档案，是调解人员在办理调解活动中形成并归档的具有备考利用价值的文字、图表、声像等不同形式或者载体的文件材料，是人民调解工作的真实记录。

调解记录不同于调解协议书的具体形式，而只是对当事人从申请调解到调解结束的持续过程的记录。比如，当事人姓名、受理纠纷时间、争议的内容、达成协议或者调解不成的情况、书面协议或者口头协议、调解协议的履行等情况的记录。无论是否达成调解协议，无论调解协议是书面的还是口头的，都应当由人民调解员记录调解的情况。

▶条文参见

《人民调解工作若干规定》第34-35条

第五章 调解协议

第二十八条 达成调解协议的方式

经人民调解委员会调解达成调解协议的,可以制作调解协议书。当事人认为无需制作调解协议书的,可以采取口头协议方式,人民调解员应当记录协议内容。

▶理解与适用

[制作调解协议书]

调解协议书是人民调解委员会调解民间纠纷双方当事人达成调解协议的书面证明。调解协议书一般需由双方当事人签名、盖章或者按指印,调解员签名并加盖人民调解委员会印章。本法第29条对调解协议书的内容作了规定,即可以载明当事人双方的基本情况,纠纷的主要事实、争议的事项以及各方当事人的责任,当事人达成调解协议的内容、履行的方式和期限等。

[口头协议]

在很多情况下,经过调解后,当事人之间的矛盾纠纷就解决了。如果当事人提出不需要制作调解协议书,愿意自觉履行的,应当尊重当事人的意愿。达成调解协议是以制作调解协议书的形式还是以口头协议的形式,主要根据当事人自己的意愿决定,不以民间纠纷的类型划分。

需要注意的是,本法没有对口头协议的形式作出规定,但由于本法第33条规定了司法确认程序,司法确认针对的是调解协议,并非只针对调解协议书。为了与法律规定相衔接,达成口头协议后,人民调解员要将口头协议的内容记录在卷。

▶条文参见

《农村土地承包经营纠纷调解仲裁法》第10条;《劳动争议调解仲裁法》第14-16条;《民事诉讼法》第100条;《最高人民法院、司法部关于进一步加强新时期人民调解工作的意见》五、八;《人民调解委员会组织条例》第8-10条

第二十九条 调解协议书的制作、生效及留存

调解协议书可以载明下列事项:
(一) 当事人的基本情况;
(二) 纠纷的主要事实、争议事项以及各方当事人的责任;
(三) 当事人达成调解协议的内容,履行的方式、期限。
调解协议书自各方当事人签名、盖章或者按指印,人民调解员签名并加盖人民调解委员会印章之日起生效。调解协议书由当事人各执一份,人民调解委员会留存一份。

▶理解与适用

[调解协议书可以载明的事项]

本条第1款规定的是调解协议书可以载明的事项。调解协议书是对民间纠纷进行调解后达成协议的书面证明,是一种重要的具有法律意义的文书。在调解协议书中最好将双方达成的权利义务内容、履行协议的方式与期限等相关事项载明。

(1) 当事人的基本情况。当事人是矛盾纠纷的主体,是调解协议的权利义务承担人,在调解协议中一般首先要写明当事人的基本情况,包括姓名、职业、年龄、住址等,如果是婚姻家庭纠纷,也可以将当事人之间的关系载明,如夫妻、婆媳、兄弟姐妹等。

(2) 纠纷的主要事实、争议事项以及各方当事人的责任。当事人愿意达成调解协议的,可以在调解书上将如何引起的纠纷,为什么引起的纠纷,是谁引起的纠纷等基本情况写上,以

便分清是非与责任。实践中，在有些情况下，调解很难将纠纷的是非曲直说的很清楚，责任分的很明确，太较真了当事人之间可能就难以达成调解协议。在这种情况下，调解协议书将主要情况写上就可以了。

（3）当事人达成调解协议的内容，履行的方式、期限。调解协议的内容主要是当事人双方要怎么样解决纠纷，如果是债务纠纷，就要说明当事人之间是不是有债务纠纷，谁欠谁的债，数额是多少，还多少，怎么还等；履行的方式、期限要看属于哪类纠纷，如果是债务纠纷，可以写明是一次性付清还是分次付清，是通过银行、直接交付还是由某人转交，在什么时间付清等。履行的方式和期限与当事人的利益密切相关，也可以说是解决纠纷的关键，一般要在调解协议中写明。

［调解协议书的生效］

本条第2款是关于调解协议书生效的规定。各方当事人签名、盖章或者按指印，不只是一个形式上的要求，更重要的是由此体现当事人对协议内容的确认。

人民调解员签名并加盖人民调解委员会印章，一方面表明调解协议是在经过调解员调解后达成的，另一方面也是对协议内容的确认。

［调解协议书的留存］

调解协议书制作完成后，由双方当事人各执一份，人民调解委员会留存一份。当事人留存的调解协议书可以作为履行协议或者向法院申请司法确认的根据。

▶典型案例指引

毕某与隋某1、隋某2确认合同无效纠纷案（新疆维吾尔自治区高级人民法院〔2018〕新民再34号）

案件适用要点：人民调解协议是在人民调解委员会主持下，双方当事人经协商，自愿达成的解决之间纠纷的协议。根据《最高人民法院关于审理涉及人民调解协议的民事案件的若干规定》第一条规定，经人民调解委员会调解达成的、有民事权利义务内容，并由双方当事人签字或者盖章的调解协议，具有民事合同性质。可见人民调解协议不同于一般民事合同，具有自己的特点，是特殊的民事合同。本案中隋某1持有伪造隋某2签名的授权委托书申请人民调解并与毕某达成人民调解协议，导致人民调解程序违法。一审法院确认隋某1与毕某签订的人民调解协议书无效并无不当，本院应予维持。毕某上诉称隋某1的行为应当认定为表见代理的主张不能成立，本院不予采信。

▶条文参见

《农村土地承包经营纠纷调解仲裁法》第10条；《劳动争议调解仲裁法》第14条、第16条；《人民调解委员会组织条例》第8条；《最高人民法院关于建立健全诉讼与非诉讼相衔接的矛盾纠纷解决机制的若干意见》13、22

第三十条 口头调解协议的生效

口头调解协议自各方当事人达成协议之日起生效。

▶理解与适用

为了便于当事人履行口头调解协议，便于人民调解委员会监督当事人履行，便于当事人申请司法确认，本法第28条规定了人民调解员应当记录口头调解协议的内容。口头调解协议自达成协议之日起生效，不需要由人民调解员、当事人在调解笔录上签名、盖章或者按指印。

▶典型案例指引

李某、袁某健康权纠纷案（湖南省岳阳市中级人民法院民事二审民事判决书〔2021〕湘06民终4572号）

案件适用要点：本案中，李某与袁某的纠纷通过多方调解，双方达成了口头调解协议并履行到位，且李某也出具了收条，该收条有临湘市某社区调解委员会加盖公章、调解人员李某、当事人李某本人签名确认，其中还有参与调解人员何某等人的签名。李某虽主张收条是虚假的，但未提交充分证据予以证明。故本院对一审提交的该收条真实性、合法性、关联性予以确认。经人民调解委员会组织调解达成协议后，具有法律约束力，此纠纷已通过合法途径得到了解决，应已了结。

第三十一条 调解协议效力

经人民调解委员会调解达成的调解协议，具有法律约束力，当事人应当按照约定履行。

人民调解委员会应当对调解协议的履行情况进行监督，督促当事人履行约定的义务。

▶理解与适用

在理解本条时需要注意，人民调解委员会的职责只能督促当事人履行调解协议，如果当事人仍然拒绝履行，人民调解委员会不能强制当事人履行，只能根据本法第32条和第33条的规定，建议另一方当事人向人民法院提起诉讼或以其他方式解决纠纷。

▶条文参见

《人民调解委员会组织条例》第9条第1款；《人民调解工作若干规定》第36、37条

第三十二条 当事人对调解协议的内容或履行发生争议的救济

经人民调解委员会调解达成调解协议后，当事人之间就调解协议的履行或者调解协议的内容发生争议的，一方当事人可以向人民法院提起诉讼。

▶理解与适用

[达成调解协议后发生争议]

现实生活中,当事人在达成调解协议后发生争议的,主要包括对调解履行的争议和对调解内容的争议。对调解履行的争议产生纠纷的主要原因,有的是因为当事人不愿意履行或者履行不符合约定;有的是因为在订立调解协议时,当事人对履行的期限、方式等约定不够明确等。对调解内容产生争议的主要原因,有的是因为当事人认为在订立调解协议时存在误解;有的是因为当事人认为订立的协议显失公平;有的是因为当事人认为自己是在受欺诈、胁迫等情况下订立调解协议等。

[对达成调解协议后发生争议的解决途径]

(1) 根据人民调解的特点和当事人自愿的原则,当事人可以向人民调解委员会申请解决。如系当事人不愿意履行的,对方当事人可以请求人民调解委员会对调解协议的履行情况进行监督,督促当事人履行约定的义务。如系当事人对调解内容发生争议的,当事人可以申请人民调解委员会就有争议的内容重新调解,在当事人自愿的基础上,撤销或者变更原协议确定的内容,就有关内容重新达成协议并予以明确。

(2) 如果当事人不愿意通过人民调解解决有关调解协议的履行或者内容争议问题,当事人可以向人民法院提起诉讼。需要注意的是,此处规定的是当事人"可以"向人民法院提起诉讼,这有两层含义:其一,当事人就调解协议的履行和调解协议的内容产生争议时,向人民法院提起诉讼是当事人一项法定的权利,任何人不得非法阻碍或者剥夺当事人向人民法院起诉的权利。其二,"可以"意味着当事人的一种选择权,既可以向人民法院就原纠纷提起诉讼,也可以通过其他合法途径,如通过人民调解委员会、仲裁机构或者基层政府、行政机关解决其原纠纷争议。

▶条文参见

《人民调解工作若干规定》第37-38条

▶典型案例指引

邱某与易某设工程合同纠纷案（湖北省咸宁市中级人民法院〔2022〕鄂12民终2350号）

案件适用要点：2020年12月15日，上诉人与被上诉人虽然签订《调解协议》，但双方当事人均未履行，易某向人民法院提起诉讼，该《调解协议》因此对双方不产生约束力。

第三十三条　对调解协议的司法确认

> 经人民调解委员会调解达成调解协议后，双方当事人认为有必要的，可以自调解协议生效之日起三十日内共同向人民法院申请司法确认，人民法院应当及时对调解协议进行审查，依法确认调解协议的效力。
>
> 人民法院依法确认调解协议有效，一方当事人拒绝履行或者未全部履行的，对方当事人可以向人民法院申请强制执行。
>
> 人民法院依法确认调解协议无效的，当事人可以通过人民调解方式变更原调解协议或者达成新的调解协议，也可以向人民法院提起诉讼。

▶理解与适用

本条是关于对人民调解协议进行司法确认的规定。在适用本条时需要注意以下几点：

（1）双方共同申请确认。调解协议生效后，如果当事人想通过人民法院确认调解协议的效力，应当共同申请。需要特别指出的是，司法确认是对已经生效调解协议的审查，并不是调解协议生效的必经程序。按照本法的规定，当事人达成书面调解协议的，调解协议自各方当事人签名、盖章或者按指印，并由人民调解员签名、加盖人民调解委员会印章之日起生效；口头的调解协议自各方当事人达成协议之日起生效。生效的调解协议当然具有法律约束力，而司法确认只是对调解协议的效力进行事后确认，并不影响调解协议的生效。对调解协议进行司法确认不是法定义务，在调解协议达成后，如果双方当事人认为没有进行司法确认的必要，如对调解协议的内容即时履行完毕，或者调解协议的内容不涉及民事给付内容等情况下，双方当事人可以不用申请司法确认。如果认为有必要申请司法确认，双方当事人应当共同通过书面形式或者口头形式提出申请。一方当事人提出申请，另一方当事人表示同意的，可以视为共同提出申请。申请的期限是调解协议生效之日起30日。

当事人应当向有管辖权的人民法院申请确认。根据《民事诉讼法》和《最高人民法院关于建立健全诉讼与非诉讼相衔接的矛盾纠纷解决机制的若干意见》的规定，当事人可以向当事人住所地、调解协议履行地、调解协议签订地、标的物所在地的基层的人民法院申请确认。调解协议所涉纠纷应当由中级人民法院管辖的，向相应的中级人民法院提出。当事人在提出确认申请时，应当向人民法院提交调解协议书、双方当事人签署的承诺书。承诺书应当载明以下内容：①双方当事人出于解决纠纷的目的自愿达成协议，没有恶意串通、规避法律的行为；②如果因为该协议内容而给他人造成损害的，愿意承担相应的民事责任和其他法律责任。

（2）司法确认程序。人民法院收到当事人提出的司法确认申请后，应当及时审查，材料齐备的，及时向当事人送达受理通知书。人民法院审理申请确认调解协议案件，按照《最高人民法院关于建立健全诉讼与非诉讼相衔接的矛盾纠纷解决机制的若干意见》的规定，参照适用民事诉讼法中有关简易程序的规定。案件由审判员一人独任审理，双方当事人应当同时到庭。人民法院应当面询问双方当事人是否理解所达成调解协议的内容，是否接受因此而产生的后果，是否愿意由人民法院通过司法确认程序赋予该调解协议强制执行的效力。根据民事诉讼法的规定，人民法院审理应当及时对调解协议进行审查，并应当在立案之日起3个月内审结。

（3）审查结果。根据司法实践，人民法院对调解协议进行审查后，决定是否确认调解协议的效力。审查的结果一般有两种情形：一是调解协议有效，二是调解协议全部或者部分无效。

①调解协议有效。具备以下条件的调解协议应确认为有效：一是当事人具有完全民事行为能力；二是当事人意思表示真实；三是调解协议的内容不违反法律、法规的强制性规定或者社会公共利益。

②调解协议无效。在实践中，调解协议或者其部分内容有以下情形的，可以确认为无效：一是损害国家、集体或者第三人利益；二是以合法形式掩盖非法目的；三是损害社会公共利益；四是违反法律、法规的强制性规定等。如果当事人在订立调解协议时有重大误解或者显失公平等严重违背其真实意思表示的情形，人民法院根据当事人的请求也可以认定该调解协议无效。如果调解协议内容不明确，无法确认和执行的，人民法院可以不予确认该调解协议的效力。

（4）司法确认的效力。人民法院确认调解效力的决定自送达当事人后发生法律效力。

①人民法院依法确认调解协议有效，该调解协议即具有强制执行效力，一方当事人拒绝履行或者未全部履行调解协议所约定的义务，对方当事人可以向人民法院申请强制执行。根据民事诉讼法的规定，执行管辖法院是作出确认决定的第一审人民法院或者是与第一审人民法院同级的被执行的财产所在地人

民法院。申请执行的期间为2年,自经确认有效的调解协议中约定的履行期间的最后一日起计算;调解协议约定分期履行的,从规定的每次履行期间的最后一日起计算;调解协议未约定履行期间的,从确认决定生效之日起计算。

②人民法院依法确认调解协议内容部分或者全部无效的,当事人可以通过人民调解的方式变更原调解协议或者签订新的调解协议,也可以就原纠纷向人民法院提起诉讼。

▶典型案例指引

1. 刘某、林某和与刘某某履行人民调解协议纠纷案(福建省泉州市中级人民法院民事判决书〔2006〕泉民终字第1012号)

案件适用要点:在人民调解委员会主持下达成的人民调解协议,体现双方当事人的真实意思表示,且不违反法律、行政法规的强制性规定及社会公共利益,便具有民事合同的效力,人民法院应当认定其合法有效。当一方当事人已经按照人民调解协议履行了部分还款义务时,应当继续履行自己的余下义务。

2. 某甲与某乙调解协议纠纷上诉案(海南省海南中级人民法院民事判决书〔2007〕海南民二终字第421号)

案件适用要点:调解协议是在双方自愿的情况下达成的,其程序合法,调解协议内容共六条。其中调解协议当中的第1、2、3、5、6条的内容不违反法律、行政法规的强制性规定,也不损害国家、集体或者第三人利益,因此,应确认双方达成的协议当中第1、2、3、5、6条有效。而该协议的第4条内容,因纠纷当事人有未征得家庭中其他成员的同意分割房产,损害了家庭其他成员的利益。因此,应确认达成的调解协议的第4条无效。

▶条文参见

《民事诉讼法》第205条、第247条;《农村土地承包经营纠纷调解仲裁法》第49条;《劳动争议调解仲裁法》第

51 条;《产品质量法》第 47 条;《最高人民法院关于建立健全诉讼与非诉讼相衔接的矛盾纠纷解决机制的若干意见》第 20-25 条

第六章 附 则

第三十四条 参照设立人民调解委员会

乡镇、街道以及社会团体或者其他组织根据需要可以参照本法有关规定设立人民调解委员会,调解民间纠纷。

▶理解与适用

[乡镇、街道设立人民调解委员会]

乡镇、街道人民调解委员会主要调解村(居)人民调解委员会或者企事业单位人民调解委员会难以调解的疑难、复杂民间纠纷和跨地区、跨单位的民间纠纷。

乡镇、街道人民调解委员会与村(居)人民调解委员会、企事业单位人民调解委员会不是上下级关系,乡镇、街道人民调解委员会不指导、监督村(居)人民调解委员会、企事业单位人民调解委员会的工作。对于一些跨区域的纠纷,当事人可以选择由乡镇、街道人民调解委员会调解,也可以选择由多个村(居)人民调解委员会、企事业单位人民调解委员会共同调解。对于村(居)人民调解委员会、企事业单位人民调解委员会调解不成的纠纷,当事人可以依法通过其他途径解决,无须再申请乡镇、街道人民调解委员会调解。

[社会团体或者其他组织设立人民调解委员会]

社会团体或者其他组织依法设立的人民调解委员会,主要指社会团体或者其他组织为了调解民间纠纷而依法设立的区域性、行业性等类型的人民调解委员会,主要包括:残联、妇联、消协、行业协会等社会团体依法设立的人民调解委员会，为了解决特定类型纠纷如医疗纠纷、劳动纠纷、交通事故纠纷设立的专业性人民调解委员会，外来务工人口居住区、集贸市场、经济开发区等特定区域设立的区域性人民调解委员会等。

社会团体或者其他组织依法设立的人民调解委员会的人民调解员，参照人民调解法规定的条件，即公道正派、善于联系群众、热心人民调解工作，并具有一定文化水平、政策水平和法律知识。由于社会团体或者其他组织依法设立的人民调解委员会调解的民间纠纷多具有地域性、专业性，因此在实践中，这些人民调解委员会的人民调解员多由具有相关专业知识、熟悉相关纠纷特点的人员担任，例如，消费者协会成立的人民调解委员会的人民调解员可以由消费者协会的相关工作人员、退休法官或者检察官、律师等担任，医疗纠纷人民调解委员会可聘请退休医生、医学教授等担任人民调解员。

社会团体或者其他组织依法设立的人民调解委员会，主要调解相关地域性、行业性纠纷，例如，消费者协会设立的人民调解委员会主要调解有关的消费纠纷，交通事故纠纷人民调解委员会主要调解交通事故纠纷，集贸市场人民调解委员会主要调解本集贸市场内的相关纠纷等。社会团体或者其他组织依法设立的人民调解委员会，与其他类型的人民调解委员会没有隶属关系。

▶条文参见

《人民调解工作若干规定》第10条、第13-15条、第21条

第三十五条　施行日期

本法自2011年1月1日起施行。

实用核心法规

中华人民共和国民事诉讼法（节录）

（1991年4月9日第七届全国人民代表大会第四次会议通过 根据2007年10月28日第十届全国人民代表大会常务委员会第三十次会议《关于修改〈中华人民共和国民事诉讼法〉的决定》第一次修正 根据2012年8月31日第十一届全国人民代表大会常务委员会第二十八次会议《关于修改〈中华人民共和国民事诉讼法〉的决定》第二次修正 根据2017年6月27日第十二届全国人民代表大会常务委员会第二十八次会议《关于修改〈中华人民共和国民事诉讼法〉和〈中华人民共和国行政诉讼法〉的决定》第三次修正 根据2021年12月24日第十三届全国人民代表大会常务委员会第三十二次会议《关于修改〈中华人民共和国民事诉讼法〉的决定》第四次修正 根据2023年9月1日第十四届全国人民代表大会常务委员会第五次会议《关于修改〈中华人民共和国民事诉讼法〉的决定》第五次修正）

……

第二百零五条 经依法设立的调解组织调解达成调解协议，申请司法确认的，由双方当事人自调解协议生效之日起三十日内，共同向下列人民法院提出：

（一）人民法院邀请调解组织开展先行调解的，向作出邀请的人民法院提出；

（二）调解组织自行开展调解的，向当事人住所地、标的物所在地、调解组织所在地的基层人民法院提出；调解协议所涉纠纷应当由中级人民法院管辖的，向相应的中级人民法院提出。

第二百零六条 人民法院受理申请后，经审查，符合法律规定的，裁定调解协议有效，一方当事人拒绝履行或者未全部履行的，对方当事人可以向人民法院申请执行；不符合法律规定的，裁定驳回申请，当事人可以通过调解方式变更原调解协议或者达成新的调解协议，也可以向人民法院提起诉讼。

……

第二百一十一条 当事人的申请符合下列情形之一的，人民法院应当再审：

（一）有新的证据，足以推翻原判决、裁定的；

（二）原判决、裁定认定的基本事实缺乏证据证明的；

（三）原判决、裁定认定事实的主要证据是伪造的；

（四）原判决、裁定认定事实的主要证据未经质证的；

（五）对审理案件需要的主要证据，当事人因客观原因不能自行收集，书面申请人民法院调查收集，人民法院未调查收集的；

（六）原判决、裁定适用法律确有错误的；

（七）审判组织的组成不合法或者依法应当回避的审判人员没有回避的；

（八）无诉讼行为能力人未经法定代理人代为诉讼或者应当参加诉讼的当事人，因不能归责于本人或者其诉讼代理人的事由，未参加诉讼的；

（九）违反法律规定，剥夺当事人辩论权利的；

（十）未经传票传唤，缺席判决的；

（十一）原判决、裁定遗漏或者超出诉讼请求的；

（十二）据以作出原判决、裁定的法律文书被撤销或者变更的；

（十三）审判人员审理该案件时有贪污受贿，徇私舞弊，枉法裁判行为的。

第二百一十二条 当事人对已经发生法律效力的调解书,提出证据证明调解违反自愿原则或者调解协议的内容违反法律的,可以申请再审。经人民法院审查属实的,应当再审。

第二百一十三条 当事人对已经发生法律效力的解除婚姻关系的判决、调解书,不得申请再审。

……

第二百四十七条 发生法律效力的民事判决、裁定,当事人必须履行。一方拒绝履行的,对方当事人可以向人民法院申请执行,也可以由审判员移送执行员执行。

调解书和其他应当由人民法院执行的法律文书,当事人必须履行。一方拒绝履行的,对方当事人可以向人民法院申请执行。

……

中华人民共和国
劳动争议调解仲裁法（节录）

(2007年12月29日第十届全国人民代表大会常务委员会第三十一次会议通过 2007年12月29日中华人民共和国主席令第80号公布 自2008年5月1日起施行)

第一章 总　　则

第一条 为了公正及时解决劳动争议,保护当事人合法权益,促进劳动关系和谐稳定,制定本法。

第二条 中华人民共和国境内的用人单位与劳动者发生的下列劳动争议,适用本法:

(一) 因确认劳动关系发生的争议;

（二）因订立、履行、变更、解除和终止劳动合同发生的争议；

（三）因除名、辞退和辞职、离职发生的争议；

（四）因工作时间、休息休假、社会保险、福利、培训以及劳动保护发生的争议；

（五）因劳动报酬、工伤医疗费、经济补偿或者赔偿金等发生的争议；

（六）法律、法规规定的其他劳动争议。

第三条 解决劳动争议，应当根据事实，遵循合法、公正、及时、着重调解的原则，依法保护当事人的合法权益。

第四条 发生劳动争议，劳动者可以与用人单位协商，也可以请工会或者第三方共同与用人单位协商，达成和解协议。

第五条 发生劳动争议，当事人不愿协商、协商不成或者达成和解协议后不履行的，可以向调解组织申请调解；不愿调解、调解不成或者达成调解协议后不履行的，可以向劳动争议仲裁委员会申请仲裁；对仲裁裁决不服的，除本法另有规定的外，可以向人民法院提起诉讼。

第六条 发生劳动争议，当事人对自己提出的主张，有责任提供证据。与争议事项有关的证据属于用人单位掌握管理的，用人单位应当提供；用人单位不提供的，应当承担不利后果。

第七条 发生劳动争议的劳动者一方在十人以上，并有共同请求的，可以推举代表参加调解、仲裁或者诉讼活动。

第八条 县级以上人民政府劳动行政部门会同工会和企业方面代表建立协调劳动关系三方机制，共同研究解决劳动争议的重大问题。

第九条 用人单位违反国家规定，拖欠或者未足额支付劳动报酬，或者拖欠工伤医疗费、经济补偿或者赔偿金的，劳动者可以向劳动行政部门投诉，劳动行政部门应当依法处理。

第二章　调　解

第十条　发生劳动争议，当事人可以到下列调解组织申请调解：

（一）企业劳动争议调解委员会；

（二）依法设立的基层人民调解组织；

（三）在乡镇、街道设立的具有劳动争议调解职能的组织。

企业劳动争议调解委员会由职工代表和企业代表组成。职工代表由工会成员担任或者由全体职工推举产生，企业代表由企业负责人指定。企业劳动争议调解委员会主任由工会成员或者双方推举的人员担任。

第十一条　劳动争议调解组织的调解员应当由公道正派、联系群众、热心调解工作，并具有一定法律知识、政策水平和文化水平的成年公民担任。

第十二条　当事人申请劳动争议调解可以书面申请，也可以口头申请。口头申请的，调解组织应当当场记录申请人基本情况、申请调解的争议事项、理由和时间。

第十三条　调解劳动争议，应当充分听取双方当事人对事实和理由的陈述，耐心疏导，帮助其达成协议。

第十四条　经调解达成协议的，应当制作调解协议书。

调解协议书由双方当事人签名或者盖章，经调解员签名并加盖调解组织印章后生效，对双方当事人具有约束力，当事人应当履行。

自劳动争议调解组织收到调解申请之日起十五日内未达成调解协议的，当事人可以依法申请仲裁。

第十五条　达成调解协议后，一方当事人在协议约定期限内不履行调解协议的，另一方当事人可以依法申请仲裁。

第十六条 因支付拖欠劳动报酬、工伤医疗费、经济补偿或者赔偿金事项达成调解协议，用人单位在协议约定期限内不履行的，劳动者可以持调解协议书依法向人民法院申请支付令。人民法院应当依法发出支付令。

……

中华人民共和国农村土地承包经营纠纷调解仲裁法（节录）

（2009年6月27日第十一届全国人民代表大会常务委员会第九次会议通过 2009年6月27日中华人民共和国主席令第14号公布 自2010年1月1日起施行）

第一章 总　则

第一条 为了公正、及时解决农村土地承包经营纠纷，维护当事人的合法权益，促进农村经济发展和社会稳定，制定本法。

第二条 农村土地承包经营纠纷调解和仲裁，适用本法。

农村土地承包经营纠纷包括：

（一）因订立、履行、变更、解除和终止农村土地承包合同发生的纠纷；

（二）因农村土地承包经营权转包、出租、互换、转让、入股等流转发生的纠纷；

（三）因收回、调整承包地发生的纠纷；

（四）因确认农村土地承包经营权发生的纠纷；

（五）因侵害农村土地承包经营权发生的纠纷；

（六）法律、法规规定的其他农村土地承包经营纠纷。

因征收集体所有的土地及其补偿发生的纠纷,不属于农村土地承包仲裁委员会的受理范围,可以通过行政复议或者诉讼等方式解决。

第三条 发生农村土地承包经营纠纷的,当事人可以自行和解,也可以请求村民委员会、乡(镇)人民政府等调解。

第四条 当事人和解、调解不成或者不愿和解、调解的,可以向农村土地承包仲裁委员会申请仲裁,也可以直接向人民法院起诉。

第五条 农村土地承包经营纠纷调解和仲裁,应当公开、公平、公正,便民高效,根据事实,符合法律,尊重社会公德。

第六条 县级以上人民政府应当加强对农村土地承包经营纠纷调解和仲裁工作的指导。

县级以上人民政府农村土地承包管理部门及其他有关部门应当依照职责分工,支持有关调解组织和农村土地承包仲裁委员会依法开展工作。

第二章 调 解

第七条 村民委员会、乡(镇)人民政府应当加强农村土地承包经营纠纷的调解工作,帮助当事人达成协议解决纠纷。

第八条 当事人申请农村土地承包经营纠纷调解可以书面申请,也可以口头申请。口头申请的,由村民委员会或者乡(镇)人民政府当场记录申请人的基本情况、申请调解的纠纷事项、理由和时间。

第九条 调解农村土地承包经营纠纷,村民委员会或者乡(镇)人民政府应当充分听取当事人对事实和理由的陈述,讲解有关法律以及国家政策,耐心疏导,帮助当事人达成协议。

第十条 经调解达成协议的,村民委员会或者乡(镇)人民政府应当制作调解协议书。

调解协议书由双方当事人签名、盖章或者按指印，经调解人员签名并加盖调解组织印章后生效。

第十一条　仲裁庭对农村土地承包经营纠纷应当进行调解。调解达成协议的，仲裁庭应当制作调解书；调解不成的，应当及时作出裁决。

调解书应当写明仲裁请求和当事人协议的结果。调解书由仲裁员签名，加盖农村土地承包仲裁委员会印章，送达双方当事人。

调解书经双方当事人签收后，即发生法律效力。在调解书签收前当事人反悔的，仲裁庭应当及时作出裁决。

……

人民调解委员会组织条例

（1989年6月17日中华人民共和国国务院令第37号发布　自发布之日起施行）

第一条　为了加强人民调解委员会的建设，及时调解民间纠纷，增进人民团结，维护社会安定，以利于社会主义现代化建设，制定本条例。

第二条　人民调解委员会是村民委员会和居民委员会下设的调解民间纠纷的群众性组织，在基层人民政府和基层人民法院指导下进行工作。

基层人民政府及其派出机关指导人民调解委员会的日常工作由司法助理员负责。

第三条　人民调解委员会由委员3至9人组成，设主任1人，必要时可以设副主任。

人民调解委员会委员除由村民委员会成员或者居民委员会成员兼任的以外由群众选举产生，每3年改选一次，可以连选连任。

多民族居住地区的人民调解委员会中,应当有人数较少的民族的成员。

人民调解委员会委员不能任职时,由原选举单位补选。

人民调解委员会委员严重失职或者违法乱纪的,由原选举单位撤换。

第四条 为人公正,联系群众,热心人民调解工作,并有一定法律知识和政策水平的成年公民,可以当选为人民调解委员会委员。

第五条 人民调解委员会的任务为调解民间纠纷,并通过调解工作宣传法律、法规、规章和政策,教育公民遵纪守法,尊重社会公德。

人民调解委员会应当向村民委员会或者居民委员会反映民间纠纷和调解工作的情况。

第六条 人民调解委员会的调解工作应当遵守以下原则:

(一)依据法律、法规、规章和政策进行调解,法律、法规、规章和政策没有明确规定的,依据社会公德进行调解;

(二)在双方当事人自愿平等的基础上进行调解;

(三)尊重当事人的诉讼权利,不得因未经调解或者调解不成而阻止当事人向人民法院起诉。

第七条 人民调解委员会根据当事人的申请及时调解纠纷;当事人没有申请的,也可以主动调解。

人民调解委员会调解纠纷可以由委员1人或数人进行;跨地区、跨单位的纠纷,可以由有关的各方调解组织共同调解。

人民调解委员会调解纠纷,可以邀请有关单位和个人参加,被邀请的单位和个人应当给予支持。

第八条 人民调解委员会调解纠纷,应当在查明事实、分清是非的基础上,充分说理,耐心疏导,消除隔阂,帮助当事人达成协议。

调解纠纷应当进行登记,制作笔录,根据需要或者当事人的请求,可以制作调解协议书。调解协议书应当有双方当事人和调解人员的签名,并加盖人民调解委员会的印章。

第九条 人民调解委员会主持下达成的调解协议,当事人应当履行。

经过调解,当事人未达成协议或者达成协议后又反悔的,任何一方可以请求基层人民政府处理,也可以向人民法院起诉。

第十条 基层人民政府对于人民调解委员会主持下达成的调解协议,符合法律、法规、规章和政策的,应当予以支持;违背法律、法规、规章和政策的,应当予以纠正。

第十一条 人民调解委员会调解民间纠纷不收费。

第十二条 人民调解委员会委员必须遵守以下纪律:

(一)不得徇私舞弊;

(二)不得对当事人压制、打击报复;

(三)不得侮辱、处罚当事人;

(四)不得泄露当事人的隐私;

(五)不得吃请受礼。

第十三条 各级人民政府对成绩显著的人民调解委员会和调解委员应当予以表彰和奖励。

第十四条 对人民调解委员会委员,根据情况可以给予适当补贴。

人民调解委员会的工作经费和调解委员的补贴经费,由村民委员会或者居民委员会解决。

第十五条 企业、事业单位根据需要设立的人民调解委员会,参照本条例执行。

第十六条 本条例由司法部负责解释。

第十七条 本条例自发布之日起施行。1954年3月22日原中央人民政府政务院公布的《人民调解委员会暂行组织通则》同时废止。

民间纠纷处理办法

(1990年4月19日 司法部令第8号)

第一章 总 则

第一条 为妥善处理民间纠纷,保障公民的人身权利、财产权利和其他权利,维护社会安定,根据《人民调解委员会组织条例》第九条第二款、第二条第二款和第十条的规定,制定本办法。

第二条 司法助理员是基层人民政府的司法行政工作人员,具体负责处理民间纠纷的工作。

第三条 基层人民政府处理民间纠纷的范围,为《人民调解委员会组织条例》规定的民间纠纷,即公民之间有关人身、财产权益和其他日常生活中发生的纠纷。

第四条 处理民间纠纷,必须以事实为根据,以法律、法规、规章和政策为准绳,对于当事人在适用法律上一律平等。

第五条 基层人民政府处理民间纠纷,可以决定由责任一方按照《中华人民共和国民法通则》第一百三十四条第一款所列举的方式承担民事责任,但不得给予人身或者财产处罚。

第六条 基层人民政府处理民间纠纷,不得限制当事人行使诉讼权利。

第二章 受 理

第七条 当事人提请处理的民间纠纷,由当事人户籍所在地或者居住地的基层人民政府受理。跨地区的民间纠纷,由当事人双方户籍所在地或者居所地的基层人民政府协商受理。

第八条 受理民间纠纷,应当有一方或者双方当事人的申请,申请可以采用口头或者书面方式，并有明确的对方当事人和申请事项、事实根据。

第九条　一方当事人已向人民法院提起诉讼的纠纷，以及基层人民政府已经处理对、当事人没有提出新的事实和理由的纠纷，基层人民政府不予受理。

第十条　对未经人民调解委员会调解的纠纷，应当劝说当事人先通过人民调解委员会调解。

第十一条　法律、法规、规章和政策明确规定由指定部门处理的纠纷，应当告知当事人向指定部门申请处理。

第十二条　具体负责处理纠纷的司法助理员有下列情形之一的，必须自行回避，当事人也有权用口头或者书面方式申请他们回避：

（一）是本纠纷的当事人或者当事人的近亲属；

（二）与本纠纷当事人有利害关系；

（三）与本纠纷当事人有其他关系，可能影响公证处理的。

基层人民政府负责人决定司法助理员的回避，并另行指派他人负责处理纠纷。

第三章　处　　理

第十三条　处理民间纠纷，应当充分听取双方当事人的陈述，允许当事人就争议问题展开辩论，并对纠纷事实进行必要的调查。

第十四条　处理纠纷时，根据需要可以邀请有关单位和群众参加。被邀请单位和个人，应当协助做好处理纠纷工作。

跨地区的民间纠纷，由当事人双方户籍所在地或者居所地的基层人民政府协商处理。

第十五条　处理民间纠纷，应当先行调解。调解时，要查明事实，分清是非，促使当事人互谅互让，在双方当事人自愿的基础上，达成协议。

第十六条　调解达成协议的，应当制作调解书，由双方当事人、司法助理员署名并加盖基层人民政府印章。调解书自送达之日起生效，当事人应当履行。

第十七条　经过调解后，仍达不成协议的纠纷，基层人民政府可以作出处理决定。

第十八条　对于经过人民调解委员会调解过的纠纷，处理时应当先审查原调解协议书，并按下列情况处理：

（一）原调解协议书符合法律、法规、规章和政策的，作出维持原协议的处理决定；

（二）原调解协议书违背法律、法规、规章和政策的，应当予以撤销，另行作出处理决定；

（三）原调解协议书部分错误的，作出部分变更的处理决定。

第十九条　作出处理决定应当以书面形式通知双方当事人到场。一方当事人经两次通知，无正当理由拒不到场的，不影响作出处理决定。

第二十条　作出处理决定应当制作处理决定书，并经基层人民政府负责人审定、司法助理员署名后加盖基层人民政府印章。

第二十一条　基层人民政府作出的处理决定，当事人必须执行。如有异议的，可以在处理决定作出后，就原纠纷向人民法院起诉。超过15天不起诉又不执行的，基层人民政府根据当事人一方的申请，可以在其职权范围内，采取必要的措施予以执行。

第二十二条　处理民间纠纷，应当在受理后两个月内处理终结；特别复杂疑难的，可以延长1个月。

第二十三条　在纠纷处理过程中，双方当事人自行和解、申请人撤回申请或者一方当事人向人民法院提起诉讼的，应当终止处理。

第四章　附　　则

第二十四条　各省、自治区、直辖市司法厅（局）可以根据本办法制定实施细则。

第二十五条 本办法自发布之日起施行。

人民调解工作若干规定

(2002年9月26日 司法部令第75号)

第一章 总 则

第一条 为了规范人民调解工作，完善人民调解组织，提高人民调解质量，根据《中华人民共和国宪法》和《中华人民共和国民事诉讼法》、《人民调解委员会组织条例》等法律、法规的规定，结合人民调解工作实际，制定本规定。

第二条 人民调解委员会是调解民间纠纷的群众性组织。

人民调解员是经群众选举或者接受聘任，在人民调解委员会领导下，从事人民调解工作的人员。

人民调解委员会委员、调解员，统称人民调解员。

第三条 人民调解委员会的任务是：

（一）调解民间纠纷，防止民间纠纷激化；

（二）通过调解工作宣传法律、法规、规章和政策，教育公民遵纪守法，尊重社会公德，预防民间纠纷发生；

（三）向村民委员会、居民委员会、所在单位和基层人民政府反映民间纠纷和调解工作的情况。

第四条 人民调解委员会调解民间纠纷，应当遵守下列原则：

（一）依据法律、法规、规章和政策进行调解，法律、法规、规章和政策没有明确规定的，依据社会主义道德进行调解；

（二）在双方当事人自愿平等的基础上进行调解；

（三）尊重当事人的诉讼权利，不得因未经调解或者调解不成而阻止当事人向人民法院起诉。

第五条 根据《最高人民法院关于审理涉及人民调解协议的民事案件的若干规定》，经人民调解委员会调解达成的、有民事权利义务内容，并由双方当事人签字或者盖章的调解协议，具有民事合同性质。当事人应当按照约定履行自己的义务，不得擅自变更或者解除调解协议。

第六条 在人民调解活动中，纠纷当事人享有下列权利：

（一）自主决定接受、不接受或者终止调解；

（二）要求有关调解人员回避；

（三）不受压制强迫，表达真实意愿，提出合理要求；

（四）自愿达成调解协议。

第七条 在人民调解活动中，纠纷当事人承担下列义务：

（一）如实陈述纠纷事实，不得提供虚假证明材料；

（二）遵守调解规则；

（三）不得加剧纠纷、激化矛盾；

（四）自觉履行人民调解协议。

第八条 人民调解委员会调解民间纠纷不收费。

第九条 司法行政机关依照本办法对人民调解工作进行指导和管理。

指导和管理人民调解委员会的日常工作，由乡镇、街道司法所（科）负责。

第二章 人民调解委员会和人民调解员

第十条 人民调解委员会可以采用下列形式设立：

（一）农村村民委员会、城市（社区）居民委员会设立的人民调解委员会；

（二）乡镇、街道设立的人民调解委员会；

（三）企业事业单位根据需要设立的人民调解委员会；

（四）根据需要设立的区域性、行业性的人民调解委员会。

人民调解委员会的设立及其组成人员，应当向所在地乡镇、街道司法所（科）备案；乡镇、街道人民调解委员会的设立及其组成人员，应当向县级司法行政机关备案。

第十一条　人民调解委员会由委员三人以上组成，设主任一人，必要时可以设副主任。

多民族聚居地区的人民调解委员会中，应当有人数较少的民族的成员。

人民调解委员会中应当有妇女委员。

第十二条　村民委员会、居民委员会和企业事业单位的人民调解委员会根据需要，可以自然村、小区（楼院）、车间等为单位，设立调解小组，聘任调解员。

第十三条　乡镇、街道人民调解委员会委员由下列人员担任：

（一）本乡镇、街道辖区内设立的村民委员会、居民委员会、企业事业单位的人民调解委员会主任；

（二）本乡镇、街道的司法助理员；

（三）在本乡镇、街道辖区内居住的懂法律、有专长、热心人民调解工作的社会志愿人员。

第十四条　担任人民调解员的条件是：为人公正，联系群众，热心人民调解工作，具有一定法律、政策水平和文化水平。

乡镇、街道人民调解委员会委员应当具备高中以上文化程度。

第十五条　人民调解员除由村民委员会成员、居民委员会成员或者企业事业单位有关负责人兼任的以外，一般由本村民区、居民区或者企业事业单位的群众选举产生，也可以由村民委员会、居民委员会或者企业事业单位聘任。

乡镇、街道人民调解委员会委员由乡镇、街道司法所（科）聘任。

区域性、行业性的人民调解委员会委员，由设立该人民调解委员会的组织聘任。

第十六条　人民调解员任期三年,每三年改选或者聘任一次,可以连选连任或者续聘。

人民调解员不能履行职务时,由原选举单位或者聘任单位补选、补聘。

人民调解员严重失职或者违法乱纪的,由原选举单位或者聘任单位撤换。

第十七条　人民调解员调解纠纷,必须遵守下列纪律:

(一)不得徇私舞弊;

(二)不得对当事人压制、打击报复;

(三)不得侮辱、处罚纠纷当事人;

(四)不得泄露当事人隐私;

(五)不得吃请受礼。

第十八条　人民调解员依法履行职务,受到非法干涉、打击报复的,可以请求司法行政机关和有关部门依法予以保护。

人民调解员履行职务,应当坚持原则,爱岗敬业,热情服务,诚实守信,举止文明,廉洁自律,注重学习,不断提高法律、道德素养和调解技能。

第十九条　人民调解委员会应当建立健全岗位责任制、例会、学习、考评、业务登记、统计和档案等各项规章制度,不断加强组织、队伍和业务建设。

第三章　民间纠纷的受理

第二十条　人民调解委员会调解的民间纠纷,包括发生在公民与公民之间、公民与法人和其他社会组织之间涉及民事权利义务争议的各种纠纷。

第二十一条　民间纠纷,由纠纷当事人所在地(所在单位)

或者纠纷发生地的人民调解委员会受理调解。

村民委员会、居民委员会或者企业事业单位的人民调解委员会调解不了的疑难、复杂民间纠纷和跨地区、跨单位的民间纠纷，由乡镇、街道人民调解委员会受理调解，或者由相关的人民调解委员会共同调解。

第二十二条　人民调解委员会不得受理调解下列纠纷：

（一）法律、法规规定只能由专门机关管辖处理的，或者法律、法规禁止采用民间调解方式解决的；

（二）人民法院、公安机关或者其他行政机关已经受理或者解决的。

第二十三条　人民调解委员会根据纠纷当事人的申请，受理调解纠纷；当事人没有申请的，也可以主动调解，但当事人表示异议的除外。

当事人申请调解纠纷，可以书面申请，也可以口头申请。

受理调解纠纷，应当进行登记。

第二十四条　当事人申请调解纠纷，符合条件的，人民调解委员会应当及时受理调解。

不符合受理条件的，应当告知当事人按照法律、法规规定提请有关机关处理或者向人民法院起诉；随时有可能激化的，应当在采取必要的缓解疏导措施后，及时提交有关机关处理。

第四章　民间纠纷的调解

第二十五条　人民调解委员会调解纠纷，应当指定一名人民调解员为调解主持人，根据需要可以指定若干人民调解员参加调解。

当事人对调解主持人提出回避要求的，人民调解委员会应当予以调换。

第二十六条　人民调解委员会调解纠纷，应当分别向双方当事人询问纠纷的事实和情节，了解双方的要求及其理由，根据需要向有关方面调查核实，做好调解前的准备工作。

第二十七条　人民调解委员会调解纠纷，根据需要可以邀请有关单位或者个人参加，被邀请的单位或者个人应当给予支持。

调解跨地区、跨单位的纠纷，相关人民调解委员会应当相互配合，共同做好调解工作。

第二十八条　人民调解委员会调解纠纷，一般在专门设置的调解场所进行，根据需要也可以在便利当事人的其他场所进行。

第二十九条　人民调解委员会调解纠纷，根据需要可以公开进行，允许当事人的亲属、邻里和当地（本单位）群众旁听。但是涉及当事人的隐私、商业秘密或者当事人表示反对的除外。

第三十条　人民调解委员会调解纠纷，在调解前应当以口头或者书面形式告知当事人人民调解的性质、原则和效力，以及当事人在调解活动中享有的权利和承担的义务。

第三十一条　人民调解委员会调解纠纷，应当在查明事实、分清责任的基础上，根据当事人的特点和纠纷性质、难易程度、发展变化的情况，采取灵活多样的方式方法，开展耐心、细致的说服疏导工作，促使双方当事人互谅互让，消除隔阂，引导、帮助当事人达成解决纠纷的调解协议。

第三十二条　人民调解委员会调解纠纷，应当密切注意纠纷激化的苗头，通过调解活动防止纠纷激化。

第三十三条　人民调解委员会调解纠纷，一般在一个月内调结。

第五章　人民调解协议及其履行

第三十四条　经人民调解委员会调解解决的纠纷，有民事权利义务内容的，或者当事人要求制作书面调解协议的，应当制作书面调解协议。

第三十五条　调解协议应当载明下列事项：

（一）双方当事人基本情况；

（二）纠纷简要事实、争议事项及双方责任；

（三）双方当事人的权利和义务；

（四）履行协议的方式、地点、期限；

（五）当事人签名，调解主持人签名，人民调解委员会印章。

调解协议由纠纷当事人各执一份，人民调解委员会留存一份。

第三十六条　当事人应当自觉履行调解协议。

人民调解委员会应当对调解协议的履行情况适时进行回访，并就履行情况做出记录。

第三十七条　当事人不履行调解协议或者达成协议后又反悔的，人民调解委员会应当按下列情形分别处理：

（一）当事人无正当理由不履行协议的，应当做好当事人的工作，督促其履行；

（二）如当事人提出协议内容不当，或者人民调解委员会发现协议内容不当的，应当在征得双方当事人同意后，经再次调解变更原协议内容；或者撤销原协议，达成新的调解协议；

（三）对经督促仍不履行人民调解协议的，应当告知当事人可以请求基层人民政府处理，也可以就调解协议的履行、变更、撤销向人民法院起诉。

第三十八条　对当事人因对方不履行调解协议或者达成协议后又后悔，起诉到人民法院的民事案件，原承办该纠纷调解的人民调解委员会应当配合人民法院对该案件的审判工作。

第六章　对人民调解工作的指导

第三十九条　各级司法行政机关应当采取切实措施，加强指导，不断推进本地区人民调解委员会的组织建设、队伍建设、业务建设和制度建设，规范人民调解工作，提高人民调解工作的质量和水平。

各级司法行政机关在指导工作中，应当加强与人民法院的协调和配合。

第四十条　各级司法行政机关应当采取多种形式，加强对人民调解员的培训，不断提高人民调解员队伍的素质。

第四十一条　各级司法行政机关对于成绩显著、贡献突出的人民调解委员会和人民调解员，应当定期或者适时给予表彰和奖励。

第四十二条　各级司法行政机关应当积极争取同级人民政府的支持，保障人民调解工作的指导和表彰经费；协调和督促村民委员会、居民委员会和企业事业单位，落实人民调解委员会的工作经费和人民调解员的补贴经费。

第四十三条　乡镇、街道司法所（科），司法助理员应当加强对人民调解委员会工作的指导和监督，负责解答、处理人民调解委员会或者纠纷当事人就人民调解工作有关问题的请示、咨询和投诉；应人民调解委员会的请求或者根据需要，协助、参与对具体纠纷的调解活动；对人民调解委员会主持达成的调解协议予以检查，发现违背法律、法规、规章和政策的，应当予以纠正；总结交流人民调解工作经验，调查研究民间纠纷的特点和规律，指导人民调解委员会改进工作。

第七章　附　　则

第四十四条　人民调解委员会工作所需的各种文书格式，由司法部统一制定。

第四十五条　本规定自2002年11月1日起施行。本规定发布前，司法部制定的有关规章、规范性文件与本规定相抵触的，以本规定为准。

跨地区跨单位民间纠纷调解办法

(1994年5月9日 司法部令第31号)

第一条 为及时调解跨地区、跨单位民间纠纷，防止纠纷激化，维护社会安定，根据《人民调解委员会组织条例》第七条的规定，制定本办法。

第二条 纠纷当事人属于不同地区、单位，或者纠纷当事人虽属于同一地区、单位，但纠纷发生在其他地区、单位的民间纠纷的调解适用本办法。

第三条 跨地区、跨单位的民间纠纷由纠纷当事人户籍所在地（居所地）、所在单位、纠纷发生地的人民调解委员会共同调解。

一个人民调解委员会能够调解的纠纷，经商有关人民调解委员会，也可以由一个人民调解委员会进行调解。

第四条 共同调解跨地区、跨单位的民间纠纷由最先受理的人民调解委员会主持调解，其他人民调解委员会协助调解。

其他人民调解委员会主持调解有利于解决纠纷的，也可由有关人民调解委员会协商确定。

第五条 共同调解民间纠纷应当按照自愿、平等、合法、公正的原则，积极促成当事人达成调解协议。

第六条 主持调解的人民调解委员会的职责：

一、受理纠纷；

二、发现纠纷有激化可能时，应采取必要措施，防止纠纷激化；

三、针对纠纷情况，开展调查研究，收集纠纷的有关材料，制定调解方案；

四、向有关人民调解委员会提出共同调解意见；

五、确定调解的时间、地点，通知纠纷当事人及有关人民调解委员会参加调解；

六、主持调解，制作调解文书；

七、敦促有关当事人履行调解协议，做好回访工作；

八、负责统计和档案材料保管。

第七条 协助调解的人民调解委员会的职责：

一、协助进行调查研究，收集纠纷的事实材料；

二、主动采取措施，防止纠纷激化；

三、配合主持调解的人民调解委员会，对当事人进行说服教育，促成当事人达成调解协议；

四、敦促当事人履行调解协议。

第八条 经过调解，当事人达成调解协议的，应当制作调解协议书。调解协议书应由当事人、调解人员签名，并加盖各有关人民调解委员会印章。

第九条 当事人未达成调解协议或达成协议后又反悔的，可以就原纠纷申请基层人民政府处理或向人民法院起诉。

第十条 本办法由司法部负责解释。

第十一条 本办法自公布之日起生效。

中央政法委、最高人民法院、司法部等关于加强人民调解员队伍建设的意见

（2018年4月27日）①

为认真落实党的十九大精神，深入贯彻党的十八届四中全会关于发展人民调解员队伍的决策部署，全面贯彻实施人民调解

---

① 该日期为新华社发布日期。

法,现就加强人民调解员队伍建设提出如下意见。

一、充分认识加强人民调解员队伍建设的重要意义

人民调解是在继承和发扬我国民间调解优良传统基础上发展起来的一项具有中国特色的法律制度,是公共法律服务体系的重要组成部分,在矛盾纠纷多元化解机制中发挥着基础性作用。人民调解员是人民调解工作的具体承担者,肩负着化解矛盾、宣传法治、维护稳定、促进和谐的职责使命。加强人民调解员队伍建设,对于提高人民调解工作质量,充分发挥人民调解维护社会和谐稳定"第一道防线"作用,推进平安中国、法治中国建设,实现国家治理体系与治理能力现代化具有重要意义。党中央、国务院历来高度重视人民调解工作。党的十八大以来,习近平总书记多次对人民调解工作作出重要指示批示,为做好人民调解工作和加强人民调解员队伍建设指明了方向。广大人民调解员牢记使命、扎根基层、无私奉献,积极开展矛盾纠纷排查调解工作,切实把矛盾纠纷化解在基层,消除在萌芽状态,为维护社会和谐稳定、服务保障和改善民生作出了积极贡献。当前,中国特色社会主义进入新时代。社会主要矛盾已经转化为人民日益增长的美好生活需要和不平衡不充分的发展之间的矛盾。人民不仅对物质文化生活提出了更高要求,而且在民主、法治、公平、正义、安全、环境等方面的要求日益增长。党的十九大强调,要加强预防和化解社会矛盾机制建设,正确处理人民内部矛盾。这些都对人民调解、行业专业调解和调解员队伍建设提出了新的更高要求。各地各有关部门一定要充分认识加强人民调解员队伍建设的重要性、紧迫性,切实增强责任感和使命感,采取有效措施,大力推进人民调解员队伍建设,不断提高人民调解工作水平,全力维护社会和谐稳定。

二、加强人民调解员队伍建设的指导思想和基本原则

(一)指导思想

深入贯彻落实党的十九大精神,坚持以习近平新时代中国特

色社会主义思想为指导,按照"五位一体"总体布局和"四个全面"战略布局,全面贯彻实施人民调解法,优化队伍结构,着力提高素质,完善管理制度,强化工作保障,努力建设一支政治合格、熟悉业务、热心公益、公道正派、秉持中立的人民调解员队伍,为平安中国、法治中国建设作出积极贡献。

(二)基本原则

——坚持党的领导。认真贯彻落实中央关于人民调解工作的决策部署,确保人民调解员队伍建设的正确方向。

——坚持依法推动。贯彻落实人民调解法、民事诉讼法等法律规定,不断提高人民调解员队伍建设的规范化、法治化水平。

——坚持择优选聘。按照法定条件和公开公平公正的原则,吸收更多符合条件的社会人士和专业人员参与人民调解工作。

——坚持专兼结合。在积极发展兼职人民调解员队伍的同时,大力加强专职人民调解员队伍建设,不断优化人民调解员队伍结构。

——坚持分类指导。根据各地实际情况和专兼职人民调解员队伍的不同特点,完善管理制度,创新管理方式,不断提高人民调解工作质量。

三、加强人民调解员队伍建设的主要任务

(一)认真做好人民调解员选任工作

1. 严格人民调解员选任条件。人民调解员由人民调解委员会委员和人民调解委员会聘任的人员担任,既可以兼职,也可以专职。人民调解员应由公道正派、廉洁自律、热心人民调解工作,并具有一定文化水平、政策水平和法律知识的成年公民担任。乡镇(街道)人民调解委员会的调解员一般应具有高中以上学历,行业性、专业性人民调解委员会的调解员一般应具有大专以上学历,并具有相关行业、专业知识或工作经验。

2. 依法推选人民调解委员会委员。人民调解委员会委员通过

推选产生。村民委员会、社区居民委员会的人民调解委员会委员由村民会议或者村民代表会议、居民会议或者居民代表会议推选产生。企业事业单位设立的人民调解委员会委员由职工大会、职工代表大会或者工会组织推选产生。乡镇（街道）人民调解委员会委员由行政区域内村（居）民委员会、有关单位、社会团体、其他组织推选产生。行业性、专业性人民调解委员会委员由有关单位、社会团体或者其他组织推选产生。人民调解委员会委员任期届满，应及时改选，可连选连任。任期届满的原人民调解委员会主任应向推选单位报告工作，听取意见。新当选的人民调解委员会委员应及时向社会公布。

3. 切实做好人民调解员聘任工作。人民调解委员会根据需要可以聘任一定数量的专兼职人民调解员，并颁发聘书。要注重从德高望重的人士中选聘基层人民调解员。要注重选聘律师、公证员、仲裁员、基层法律服务工作者、医生、教师、专家学者等社会专业人士和退休法官、检察官、民警、司法行政干警以及相关行业主管部门退休人员担任人民调解员，不断提高人民调解员的专业化水平。要积极发展专职人民调解员队伍，行业性、专业性人民调解委员会应有3名以上专职人民调解员，乡镇（街道）人民调解委员会应有2名以上专职人民调解员，有条件的村（居）和企事业单位人民调解委员会应有1名以上专职人民调解员，派驻有关单位和部门的人民调解工作室应有2名以上专职人民调解员。

（二）明确人民调解员职责任务

4. 人民调解员的职责任务。积极参与矛盾纠纷排查，对排查发现的矛盾纠纷线索，采取有针对性的措施，预防和减少矛盾纠纷的发生；认真开展矛盾纠纷调解，在充分听取当事人陈述和调查了解有关情况的基础上，通过说服、教育、规劝、疏导等方式方法，促进当事人平等协商、自愿达成调解协议，督促当事人及时履行协议约定的义务，人民调解员对当事人主动申请调解的，无正当理由不得推诿不受理；做好法治宣传教育工作，注重通过调解工作宣传法律、法规、规章和政策，教育公民遵纪守法，弘扬社会公德、职业道德和家庭美德；发现违法犯罪以及影响社会稳定和治安秩序的苗头隐患，及时报告辖区公安机关；主动向所在的人民调解委员会报告矛盾纠纷排查调解情况，认真做好纠纷登记、调解统计、案例选报和文书档案管理等工作；自觉接受司法行政部门指导和基层人民法院业务指导，严格遵守人民调解委员会制度规定，积极参加各项政治学习和业务培训；认真完成司法行政部门和人民调解委员会交办的其他工作任务。

（三）加强人民调解员思想作风建设

5. 加强思想政治建设。组织广大人民调解员认真学习宣传贯彻党的十九大精神，坚持以习近平新时代中国特色社会主义思想武装头脑、指导工作。教育引导人民调解员牢固树立政治意识、大局意识、核心意识、看齐意识，自觉在思想上政治上行动上同以习近平同志为核心的党中央保持高度一致。加强人民调解员职业道德教育，深入开展社会主义核心价值观和社会主义法治理念教育，弘扬调解文化，增强人民调解员的社会责任感和职业荣誉感。

6. 加强纪律作风建设。完善人民调解员行为规范，教育人民调解员严格遵守和执行职业道德和工作纪律，树立廉洁自律良好形象，培养优良作风。建立投诉处理机制，及时查处人民调解员违法违纪行为，不断提高群众满意度。

7. 加强党建工作。党员人民调解员应积极参加所属党支部的组织生活，加强党性修养，严守党员标准，自觉接受党内外群众的监督，发挥党员在人民调解工作中的先锋模范作用。支持具备条件的人民调解委员会单独建立党组织，落实基层党建基本制度，严格党内政治生活，突出政治功能，发挥战斗堡垒作用。

（四）加强人民调解员业务培训

8. 落实培训责任。开展人民调解员培训是司法行政部门的重要职责。要坚持分级负责、以县（市、区）为主，加大对人民调解员的培训力度。县（市、区）司法行政部门主要负责辖区内人民调解委员会主任、骨干调解员的岗前培训和年度培训，指导和组织司法所培训辖区内人民调解员；市（地、州）司法行政部门主要负责辖区内大中型企业、乡镇（街道）和行业性、专业性人民调解委员会主任、骨干调解员的岗前培训和年度培训；省（区、市）司法行政部门负责制定本地区人民调解员培训规划，组织人民调解员骨干示范培训，建立培训师资库；司法部负责组织编写培训教材，规范培训内容，开展人民调解员师资培训。司法行政部门要积极吸纳律师、公证员、司法鉴定人、专职人民调解员等作为培训师资力量，提高培训质量和水平。基层人民法院要结合审判工作实际和人民调解员队伍状况，积极吸纳人民调解委员会进入人民法院特邀调解组织名册，通过委派调解、委托调解，选任符合条件的人民调解员担任人民陪审员，加强司法确认工作等灵活多样的形式，加大对人民调解员进行业务培训的力度。

9. 丰富培训内容和形式。司法行政部门和人民调解员协会要根据本地和行业、专业领域矛盾纠纷特点设置培训课程，重点开展社会形势、法律政策、职业道德、专业知识和调解技能等方面的培训。创新培训方式和载体，采取集中授课、研讨交流、案例评析、实地考察、现场观摩、旁听庭审、实训演练等形式，提高培训的针对性、有效性。顺应"互联网+"发展趋势，建立完善人民调解员网络培训平台，推动信息技术与人民调解员培训深度融合。依托有条件的高校、培训机构开展培训工作，开发人民调解员培训课程和教材，建立完善人民调解员培训质量评估体系。

（五）加强对人民调解员的管理

10. 健全管理制度。人民调解委员会应当建立健全人民调解员聘用、学习、培训、考评、奖惩等各项管理制度，加强对人民调解员的日常管理。建立人民调解员名册制度，县（市、区）司法行政部门定期汇总人民调解员基本信息，及时向社会公开并通报人民法院，方便当事人选择和监督。建立岗位责任和绩效评价制度，完善评价指标体系。

11. 完善退出机制。人民调解员调解民间纠纷，应当坚持原则、明法析理、主持公道。对偏袒一方当事人，侮辱当事人，索取、收受财物或者牟取其他不正当利益，或泄露当事人的个人隐私、商业秘密的人民调解员，由其所在的人民调解委员会给予批评教育、责令改正；情节严重的，由推选或者聘任单位予以罢免或者解聘。对因违法违纪不适合继续从事调解工作；严重违反管理制度、怠于履行职责造成恶劣社会影响；不能胜任调解工作；因身体原因无法正常履职；自愿申请辞职的人民调解员，司法行政部门应及时督促推选或者聘任单位予以罢免或者解聘。

（六）积极动员社会力量参与人民调解工作

12. 发动社会力量广泛参与。切实发挥村（居）民小组长、楼栋长、网格员的积极作用，推动在村（居）民小组、楼栋（院落）等建立纠纷信息员队伍，帮助了解社情民意，排查发现矛盾纠纷线索隐患。发展调解志愿者队伍，积极邀请"两代表一委员"（党代表、人大代表、政协委员）、"五老人员"（老党员、老干部、老教师、老知识分子、老政法干警）、专家学者、专业技术人员、城乡社区工作者、大学生村官等参与矛盾纠纷化解。充分发挥律师、公证员、司法鉴定人、基层法律服务工作者、法律援助工作者等司法行政系统资源优势，形成化解矛盾纠纷工作合力。

13. 建立人民调解咨询专家库。县级以上司法行政部门可以根据调解纠纷需要，会同相关行业主管部门设立人民调解咨询专家库，由法学、心理学、社会工作和相关行业、专业领域的专业人员组成，相关专家负责向人民调解委员会提供专家咨询意见和调解建议。人民调解咨询专家库可以是包含多领域专业人才的区域性综合型专家库，也可以是某一特定行业、专业领域的专家库。

（七）强化对人民调解员的工作保障

14. 落实人民调解员待遇。地方财政根据当地经济社会发展水平和财力状况，适当安排人民调解员补贴经费。人民调解员补贴经费的安排和发放应考虑调解员调解纠纷的数量、质量、难易程度、社会影响大小以及调解的规范化程度。补贴标准由县级以上司法行政部门商同级财政部门确定，明令禁止兼职取酬的人员，不得领取人民调解员补贴。对财政困难地区，省级要统筹现有资金渠道，加强人民调解工作经费保障。人民调解委员会设立单位和相关行业主管部门应依法为人民调解员开展工作提供场所、设施等办公条件和必要的工作经费。省（区、市）司法行政部门或人民调解员协会应通过报纸、网络等形式，每半年或一年向社会公开人民调解经费使用情况和工作开展情况，接受社会监督。

15. 通过政府购买服务推进人民调解工作。司法行政部门应当会同有关部门做好政府购买人民调解服务工作，完善购买方式和程序，积极培育人民调解员协会、相关行业协会等社会组织，鼓励其聘请专职人民调解员，积极参与承接政府购买人民调解服务。

16. 落实人民调解员抚恤政策。司法行政部门应及时了解掌握人民调解员需要救助的情况，协调落实相关政策待遇。符合条件的人民调解员因从事调解工作致伤致残，生活发生困难的，当地人民政府应当按照有关规定提供必要的医疗、生活救助；在人民调解工作岗位上因工作原因死亡的，其配偶、子女按照国家规定享受相应的抚恤等相关待遇。探索多种资金渠道为在调解工作中因工作原因死亡、伤残的人民调解员或其亲属提供帮扶。

17. 加强对人民调解员的人身保护。人民调解员依法调解民间纠纷，受到非法干涉、打击报复或者本人及其亲属人身财产安全受到威胁的，当地司法行政部门和人民调解员协会应当会同有关部门采取措施予以保护，维护其合法权益。探索建立人民调解员人身保障机制，鼓励人民调解委员会设立单位和人民调解员协会等为人民调解员购买人身意外伤害保险等。

四、加强对人民调解员队伍建设的组织领导

（一）加强组织领导

司法行政机关负责指导人民调解工作，要把人民调解员队伍建设摆上重要位置，列入重要议事日程，切实加强指导。要主动向党委和政府汇报人民调解工作，积极争取有关部门重视和支持，着力解决人民调解员开展工作遇到的困难和问题。要完善相关制度，提高人民调解员队伍管理水平。人民调解员协会要发挥行业指导作用，积极做好对人民调解员的教育培训、典型宣传、权益维护等工作，加强对人民调解员队伍的服务和管理。

（二）落实部门职责

各有关部门要明确自身职责，加强协调配合，共同做好人民调解工作。各级政法委要将人民调解员队伍建设纳入综治工作（平安建设）考核评价体系。人民法院要通过各种形式，加强对人民调解员调解纠纷的业务指导，提高人民调解工作水平。财政部门要落实财政保障责任，会同司法行政部门确定经费保障标准，建立动态调整机制。民政部门要对符合条件的人民调解员落实相关社会救助和抚恤政策，会同人力资源社会保障部门把符合条件的人民调解员纳入社会工作专业人才培养和职业水平评价体系。各相关行业主管部门要从各方面对人民调解员开展工作提供支持和保障。

（三）加强表彰宣传

认真贯彻落实人民调解法，加大对人民调解员的表彰力度，对有突出贡献的人民调解员按照国家有关规定给予表彰奖励。要充分运用传统媒体和网络、微信、微博等新媒体，积极宣传人民调解工作典型人物和先进事迹，扩大人民调解工作社会影响力，增强广大人民调解员的职业荣誉感和自豪感,为人民调解员开展工作创造良好社会氛围。

各地要结合实际,按照本意见精神制定具体实施意见。

最高人民法院关于民商事案件繁简分流和调解速裁操作规程(试行)

(2017年5月8日 法发〔2017〕14号)

为贯彻落实最高人民法院《关于进一步推进案件繁简分流优化司法资源配置的若干意见》《关于人民法院进一步深化多元化纠纷解决机制改革的意见》,推动和规范人民法院民商事案件繁简分流、先行调解、速裁等工作,依法高效审理民商事案件,实现简案快审、繁案精审,切实减轻当事人诉累,根据《中华人民共和国民事诉讼法》及有关司法解释,结合人民法院审判工作实际,制定本规程。

第一条 民商事简易纠纷解决方式主要有先行调解、和解、速裁、简易程序、简易程序中的小额诉讼、督促程序等。

人民法院对当事人起诉的民商事纠纷,在依法登记立案后,应当告知双方当事人可供选择的简易纠纷解决方式,释明各项程序的特点。

先行调解包括人民法院调解和委托第三方调解。

第二条 人民法院应当指派专职或兼职程序分流员。

程序分流员负责以下工作:

(一)根据案件事实、法律适用、社会影响等因素,确定案件应当适用的程序;

(二)对系列性、群体性或者关联性案件等进行集中分流;

（三）对委托调解的案件进行跟踪、提示、指导、督促；

（四）做好不同案件程序之间转换衔接工作；

（五）其他与案件分流、程序转换相关的工作。

第三条 人民法院登记立案后，程序分流员认为适宜调解的，在征求当事人意见后，转入调解程序；认为应当适用简易程序、速裁的，转入相应程序，进行快速审理；认为应当适用特别程序、普通程序的，根据业务分工确定承办部门。

登记立案前，需要制作诉前保全裁定书、司法确认裁定书、和解备案的，由程序分流员记录后转办。

第四条 案件程序分流一般应当在登记立案当日完成，最长不超过三日。

第五条 程序分流后，尚未进入调解或审理程序时，承办部门和法官认为程序分流不当的，应当及时提出，不得自行将案件退回或移送。

程序分流员认为异议成立的，可以将案件收回并重新分配。

第六条 在调解或审理中，由于出现或发现新情况，承办部门和法官决定转换程序的，向程序分流员备案。已经转换过一次程序的案件，原则上不得再次转换。

第七条 案件适宜调解的，应当出具先行调解告知书，引导当事人先行调解，当事人明确拒绝的除外。

第八条 先行调解告知书包括以下内容：

（一）先行调解特点；

（二）自愿调解原则；

（三）先行调解人员；

（四）先行调解程序；

（五）先行调解法律效力；

（六）诉讼费减免规定；

（七）其他相关事宜。

第九条 下列适宜调解的纠纷，应当引导当事人委托调解：

（一）家事纠纷；

（二）相邻关系纠纷；

（三）劳动争议纠纷；

（四）交通事故赔偿纠纷；

（五）医疗纠纷；

（六）物业纠纷；

（七）消费者权益纠纷；

（八）小额债务纠纷；

（九）申请撤销劳动争议仲裁裁决纠纷。

其他适宜调解的纠纷，也可以引导当事人委托调解。

第十条 人民法院指派法官担任专职调解员，负责以下工作：

（一）主持调解；

（二）对调解达成协议的，制作调解书；

（三）对调解不成适宜速裁的，径行裁判。

第十一条 人民法院调解或者委托调解的，应当在十五日内完成。各方当事人同意的，可以适当延长，延长期限不超过十五日。调解期间不计入审理期限。

当事人选择委托调解的，人民法院应当在三日内移交相关材料。

第十二条 委托调解达成协议的，调解人员应当在三日内将调解协议提交人民法院，由法官审查后制作调解书或者准许撤诉裁定书。

不能达成协议的，应当书面说明调解情况。

第十三条 人民法院调解或者委托调解未能达成协议，需要转换程序的，调解人员应当在三日内将案件材料移送程序分流员，由程序分流员转入其他程序。

第十四条 经委托调解达成协议后撤诉，或者人民调解达成协议未经司法确认,当事人就调解协议的内容或者履行发生争议的,可以提起诉讼。

人民法院应当就当事人的诉讼请求进行审理,当事人的权利义务不受原调解协议的约束。

第十五条 第二审人民法院在征得当事人同意后,可以在立案后移送审理前由专职调解员或者合议庭进行调解,法律规定不予调解的情形除外。

二审审理前的调解应当在十日内完成。各方当事人同意的,可以适当延长,延长期限不超过十日。调解期间不计入审理期限。

第十六条 当事人同意先行调解的,暂缓预交诉讼费。委托调解达成协议的,诉讼费减半交纳。

第十七条 人民法院先行调解可以在诉讼服务中心、调解组织所在地或者双方当事人选定的其他场所开展。

先行调解可以通过在线调解、视频调解、电话调解等远程方式开展。

第十八条 人民法院建立诉调对接管理系统,对立案前第三方调解的纠纷进行统计分析,与审判管理系统信息共享。

诉调对接管理系统按照"诉前调"字号对第三方调解的纠纷逐案登记,采集当事人情况、案件类型、简要案情、调解组织或调解员、处理时间、处理结果等基本信息,形成纠纷调解信息档案。

第十九条 基层人民法院可以设立专门速裁组织,对适宜速裁的民商事案件进行裁判。

第二十条 基层人民法院对于离婚后财产纠纷、买卖合同纠纷、商品房预售合同纠纷、金融借款合同纠纷、民间借贷纠纷、银行卡纠纷、租赁合同纠纷等事实清楚、权利义务关系明确、争议不大的金钱给付纠纷,可以采用速裁方式审理。

但下列情形除外:

（一）新类型案件；

（二）重大疑难复杂案件；

（三）上级人民法院发回重审、指令立案受理、指定审理、指定管辖，或者其他人民法院移送管辖的案件；

（四）再审案件；

（五）其他不宜速裁的案件。

第二十一条 采用速裁方式审理民商事案件，一般只开庭一次，庭审直接围绕诉讼请求进行，不受法庭调查、法庭辩论等庭审程序限制，但应当告知当事人回避、上诉等基本诉讼权利，并听取当事人对案件事实的陈述意见。

第二十二条 采用速裁方式审理的民商事案件，可以使用令状式、要素式、表格式等简式裁判文书，应当当庭宣判并送达。

当庭即时履行的，经征得各方当事人同意，可以在法庭笔录中记录后不再出具裁判文书。

第二十三条 人民法院采用速裁方式审理民商事案件，一般应当在十日内审结，最长不超过十五日。

第二十四条 采用速裁方式审理案件出现下列情形之一的，应当及时将案件转为普通程序：

（一）原告增加诉讼请求致案情复杂；

（二）被告提出反诉；

（三）被告提出管辖权异议；

（四）追加当事人；

（五）当事人申请鉴定、评估；

（六）需要公告送达。

程序转换后，审限连续计算。

第二十五条 行政案件的繁简分流、先行调解和速裁，参照本规程执行。

本规程自发布之日起施行。

最高人民法院关于
人民法院特邀调解的规定

（2016年5月23日最高人民法院审判委员会第1684次会议通过 2016年6月28日最高人民法院公告公布 自2016年7月1日起施行 法释〔2016〕14号）

为健全多元化纠纷解决机制，加强诉讼与非诉讼纠纷解决方式的有效衔接，规范人民法院特邀调解工作，维护当事人合法权益，根据《中华人民共和国民事诉讼法》《中华人民共和国人民调解法》等法律及相关司法解释，结合人民法院工作实际，制定本规定。

第一条　特邀调解是指人民法院吸纳符合条件的人民调解、行政调解、商事调解、行业调解等调解组织或者个人成为特邀调解组织或者特邀调解员，接受人民法院立案前委派或者立案后委托依法进行调解，促使当事人在平等协商基础上达成调解协议、解决纠纷的一种调解活动。

第二条　特邀调解应当遵循以下原则：

（一）当事人平等自愿；

（二）尊重当事人诉讼权利；

（三）不违反法律、法规的禁止性规定；

（四）不损害国家利益、社会公共利益和他人合法权益；

（五）调解过程和调解协议内容不公开，但是法律另有规定的除外。

第三条　人民法院在特邀调解工作中，承担以下职责：

（一）对适宜调解的纠纷，指导当事人选择名册中的调解组织或者调解员先行调解；

（二）指导特邀调解组织和特邀调解员开展工作；

（三）管理特邀调解案件流程并统计相关数据；

（四）提供必要场所、办公设施等相关服务；

（五）组织特邀调解员进行业务培训；

（六）组织开展特邀调解业绩评估工作；

（七）承担其他与特邀调解有关的工作。

第四条 人民法院应当指定诉讼服务中心等部门具体负责指导特邀调解工作，并配备熟悉调解业务的工作人员。

人民法庭根据需要开展特邀调解工作。

第五条 人民法院开展特邀调解工作应当建立特邀调解组织和特邀调解员名册。建立名册的法院应当为入册的特邀调解组织或者特邀调解员颁发证书，并对名册进行管理。上级法院建立的名册，下级法院可以使用。

第六条 依法成立的人民调解、行政调解、商事调解、行业调解及其他具有调解职能的组织，可以申请加入特邀调解组织名册。品行良好、公道正派、热心调解工作并具有一定沟通协调能力的个人可以申请加入特邀调解员名册。

人民法院可以邀请符合条件的调解组织加入特邀调解组织名册，可以邀请人大代表、政协委员、人民陪审员、专家学者、律师、仲裁员、退休法律工作者等符合条件的个人加入特邀调解员名册。

特邀调解组织应当推荐本组织中适合从事特邀调解工作的调解员加入名册，并在名册中列明；在名册中列明的调解员，视为人民法院特邀调解员。

第七条 特邀调解员在入册前和任职期间，应当接受人民法院组织的业务培训。

第八条 人民法院应当在诉讼服务中心等场所提供特邀调解组织和特邀调解员名册，并在法院公示栏、官方网站等平台公开名册信息，方便当事人查询。

第九条 人民法院可以设立家事、交通事故、医疗纠纷等专业调解委员会，并根据特定专业领域的纠纷特点，设定专业调解委员会的入册条件，规范专业领域特邀调解程序。

第十条 人民法院应当建立特邀调解组织和特邀调解员业绩档案，定期组织开展特邀调解评估工作，并及时更新名册信息。

第十一条 对适宜调解的纠纷，登记立案前，人民法院可以经当事人同意委派给特邀调解组织或者特邀调解员进行调解；登记立案后或者在审理过程中，可以委托给特邀调解组织或者特邀调解员进行调解。

当事人申请调解的，应当以口头或者书面方式向人民法院提出；当事人口头提出的，人民法院应当记入笔录。

第十二条 双方当事人应当在名册中协商确定特邀调解员；协商不成的，由特邀调解组织或者人民法院指定。当事人不同意指定的，视为不同意调解。

第十三条 特邀调解一般由一名调解员进行。对于重大、疑难、复杂或者当事人要求由两名以上调解员共同调解的案件，可以由两名以上调解员调解，并由特邀调解组织或者人民法院指定一名调解员主持。当事人有正当理由的，可以申请更换特邀调解员。

第十四条 调解一般应当在人民法院或者调解组织所在地进行，双方当事人也可以在征得人民法院同意的情况下选择其他地点进行调解。

特邀调解组织或者特邀调解员接受委派或者委托调解后，应当将调解时间、地点等相关事项及时通知双方当事人，也可以通知与纠纷有利害关系的案外人参加调解。

调解程序开始之前，特邀调解员应当告知双方当事人权利义务、调解规则、调解程序、调解协议效力、司法确认申请等事项。

第十五条 特邀调解员有下列情形之一的，当事人有权申请回避：

（一）是一方当事人或者其代理人近亲属的；

（二）与纠纷有利害关系的；

（三）与纠纷当事人、代理人有其他关系，可能影响公正调解的。

特邀调解员有上述情形的，应当自行回避；但是双方当事人同意由该调解员调解的除外。

特邀调解员的回避由特邀调解组织或者人民法院决定。

第十六条 特邀调解员不得在后续的诉讼程序中担任该案的人民陪审员、诉讼代理人、证人、鉴定人以及翻译人员等。

第十七条 特邀调解员应当根据案件具体情况采用适当的方法进行调解，可以提出解决争议的方案建议。特邀调解员为促成当事人达成调解协议，可以邀请对达成调解协议有帮助的人员参与调解。

第十八条 特邀调解员发现双方当事人存在虚假调解可能的，应当中止调解，并向人民法院或者特邀调解组织报告。

人民法院或者特邀调解组织接到报告后，应当及时审查，并依据相关规定作出处理。

第十九条 委派调解达成调解协议，特邀调解员应当将调解协议送达双方当事人，并提交人民法院备案。

委派调解达成的调解协议，当事人可以依照民事诉讼法、人民调解法等法律申请司法确认。当事人申请司法确认的，由调解组织所在地或者委派调解的基层人民法院管辖。

第二十条 委托调解达成调解协议，特邀调解员应当向人民法院提交调解协议，由人民法院审查并制作调解书结案。达成调解协议后，当事人申请撤诉的，人民法院应当依法作出裁定。

第二十一条 委派调解未达成调解协议的，特邀调解员应当将当事人的起诉状等材料移送人民法院；当事人坚持诉讼的，人民法院应当依法登记立案。

委托调解未达成调解协议的，转入审判程序审理。

第二十二条 在调解过程中，当事人为达成调解协议作出妥协而认可的事实，不得在诉讼程序中作为对其不利的根据，但是当事人均同意的除外。

第二十三条 经特邀调解组织或者特邀调解员调解达成调解协议的，可以制作调解协议书。当事人认为无需制作调解协议书的，可以采取口头协议方式，特邀调解员应当记录协议内容。

第二十四条 调解协议书应当记载以下内容：

（一）当事人的基本情况；

（二）纠纷的主要事实、争议事项；

（三）调解结果。

双方当事人和特邀调解员应当在调解协议书或者调解笔录上签名、盖章或者捺印；由特邀调解组织主持达成调解协议的，还应当加盖调解组织印章。

委派调解达成调解协议，自双方当事人签名、盖章或者捺印后生效。委托调解达成调解协议，根据相关法律规定确定生效时间。

第二十五条 委派调解达成调解协议后，当事人就调解协议的履行或者调解协议的内容发生争议的，可以向人民法院提起诉讼，人民法院应当受理。一方当事人以原纠纷向人民法院起诉，对方当事人以调解协议提出抗辩的，应当提供调解协议书。

经司法确认的调解协议，一方当事人拒绝履行或者未全部履行的，对方当事人可以向人民法院申请执行。

第二十六条 有下列情形之一的，特邀调解员应当终止调解：

（一）当事人达成调解协议的；

（二）一方当事人撤回调解请求或者明确表示不接受调解的；

（三）特邀调解员认为双方分歧较大且难以达成调解协议的；

（四）其他导致调解难以进行的情形。

特邀调解员终止调解的，应当向委派、委托的人民法院书面报告，并移送相关材料。

第二十七条 人民法院委派调解的案件，调解期限为30日。

但是双方当事人同意延长调解期限的，不受此限。

人民法院委托调解的案件，适用普通程序的调解期限为15日，适用简易程序的调解期限为7日。但是双方当事人同意延长调解期限的，不受此限。延长的调解期限不计入审理期限。

委派调解和委托调解的期限自特邀调解组织或者特邀调解员签字接收法院移交材料之日起计算。

第二十八条 特邀调解员不得有下列行为：

（一）强迫调解；

（二）违法调解；

（三）接受当事人请托或收受财物；

（四）泄露调解过程或调解协议内容；

（五）其他违反调解员职业道德的行为。

当事人发现存在上述情形的，可以向人民法院投诉。经审查属实的，人民法院应当予以纠正并作出警告、通报、除名等相应处理。

第二十九条 人民法院应当根据实际情况向特邀调解员发放误工、交通等补贴，对表现突出的特邀调解组织和特邀调解员给予物质或者荣誉奖励。补贴经费应当纳入人民法院专项预算。

人民法院可以根据有关规定向有关部门申请特邀调解专项经费。

第三十条 本规定自2016年7月1日起施行。

司法部关于企业、事业单位建立、健全人民调解组织的几点意见

（1990年3月31日）

各省、自治区、直辖市司法厅（局）：

《人民调解委员会组织条例》（以下简称《条例》）第十五

条规定："企业、事业单位根据需要设立的人民调解委员会，参照本条例执行。"这一规定为建立、健全企事业单位人民调解组织提供了依据，是人民调解制度的重大发展。企事业单位人民调解工作既是我国人民调解制度的组成部分，也是企事业单位民主、法制建设和精神文明建设的重要内容。实践证明，企事业单位人民调解工作对于维护正常的生产和生活秩序，促进生产的发展和改革的深入；对于调动职工从事生产的积极性，调整职工之间的人际关系，维护群众的和睦团结和社会安定的局面，落实"稳定压倒一切"的指示精神；对于企业领导从繁杂的纠纷中解脱出来，集中精力抓生产、抓改革，都具有重要的作用和意义。为了建立、健全企事业单位的人民调解组织，加强人民调解工作，根据《条例》和企事业单位人民调解工作的实践，提出如下意见：

一、企业、事业单位人民调解委员会的性质和任务

企业、事业单位人民调解委员会是企事业单位内部通过选举产生的调解民间纠纷的群众性组织。本单位党委或行政领导下工作。人民调解委员会的具体任务是：1. 调解职工、家属之间有关人身、财产权益和其他日常生活中发生的民间纠纷，预防矛盾激化。2. 调解或协同有关部门的调解组织联合调解本单位职工与其他单位职工、街邻之间的纠纷。3. 通过调解工作宣传法律、法规、规章和政策，宣传厂规、厂纪，教育职工和家属遵纪守法，遵守劳动纪律，尊重社会公德。4. 协助调解本单位职工之间在生产、经营中发生的纠纷。5. 向本单位领导反映民间纠纷及调解工作情况，反映群众意见、要求和建议。6. 指导下属调解组织和调解人员的工作。

二、企业、事业单位调解组织的建立

参照《条例》并结合自身的特点，企事业单位调解组织应按生产劳动单位或者经营管理组织建立。即：厂（公司）设人民调解委员会；车间设调解小组；班组设调解员。人数多的大中型企事业单位，为了便于开展调解工作，人民调解委员会可以设在分厂或者车间。

企事业单位人民调解委员会由三至九人组成，委员由职工代表大会或者职工大会选举产生，主任、副主任由委员会从委员中推选产生。调解小组由三至五人组成，设组长一人，必要时可以设副组长一人，其成员由车间职工大会民主选举产生。调解员由班组职工直接选举产生。企事业单位的人民调解委员会委员每两年改选一次，可以连选连任。

根据企事业单位男女职工的人数，为了便于工作，调解组织成员中男女职工应有适当比例。

调解组织成员不能任职时，由原选举单位补选或调整；调解组织成员严重失职或者违法乱纪的，由原选举单位撤换。

调解组织成员应坚持"四项基本原则"，为人公正，联系群众，热心人民调解工作，并有一定的法律知识和政策水平。

三、企业、事业单位人民调解组织的业务指导与管理

司法行政机关是指导企事业单位人民调解工作的职能部门。各级司法行政机关要加强调解组织建设的指导，逐步实现组织网络化，工作制度化，业务规范化。认真贯彻落实"调防结合、以防为主"的方针。对企业深化改革和治理整顿中出现的新情况、新问题应及时进行研究，针对职工思想动向和纠纷产生的规律，尤其是对带有共性的纠纷，及时地提出指导意见，全面做好预防纠纷和防止纠纷激化的工作。

各级司法行政机关应广泛利用各种手段，宣传调解工作对企事业单位物质文明建设和精神文明建设的作用和意义，提高企事业单位领导对建立人民调解组织，开展调解工作的重要性和必要性的认识，把人民调解工作作为企业管理的一个组成部分，纳入企业政治思想工作轨道。

大中型企业是国民经济的支柱和骨干。各地要首先抓好建立、健全大中型企业、"三资"企业和当地骨干企业调解组织的组建工作，通过上述企业调解组织的建立和工作的开展，进一步推动其他企事业单位把人民调解组织普遍建立起来。

各级司法行政机关要积极指导和协助企事业单位加强对调解人员的培训工作，提高他们的法律知识水平和调解纠纷的能力，并不断总结推广企事业单位人民调解工作的先进经验。

近年来，一些企事业单位为了加强对人民调解工作的领导和管理，在主管部门设立了人民调解工作领导小组；大中型企事业单位设立了人民调解工作管理机构；小型企业配备了专职人民调解工作管理干部。实践证明，上述做法为管理指导本行业或者本单位人民调解组织建设和工作开展提供了组织保证，值得借鉴。

为了更好地开展人民调解工作，企事业单位应重视解决人民调解工作经费。对成绩显著的调解组织和调解人员应当及时予以表彰和奖励，并保证从事调解工作人员必要的政治、生活、福利待遇，不应因从事调解工作而影响他们级别、职称的评定，以推进企事业单位调解工作全面健康地发展。

在个别企事业单位中，将调解组织与保卫部门合并，或者在保卫部门领导下工作，这样容易造成治调合一，调罚不分，不利于人民调解工作原则的落实，应当采取适当的办法予以纠正。

四、企业、事业单位人民调解委员会的工作原则和纪律

《条例》规定的人民调解的基本原则，是从人民调解工作的实践中总结出来的，对调解工作具有普遍指导意义，是完成人民调解任务必不可少的规则。企事业单位人民调解委员会在履行其各项职责时，必须遵循《条例》规定，依据法律、法规、规章和政策进行调解，法律、法规、规章和政策没有明确规定的，依据社会公德进行调解；必须在双方当事人自愿平等的基础上进行调解；尊重当事人的诉讼权利，不得因未经调解或者调解不成而阻止当事人向人民法院起诉。

人民调解工作的长期实践证明，制定和加强人民调解委员会的工作纪律是搞好调解工作的重要保证，每个调解人员都应当自觉地养成严格的组织性和纪律性，做遵纪守法的模范。企事业单位人民调解组织成员在工作中，不得徇私舞弊，不得对当事人压制、打击报复；不得侮辱、处罚当事人；不得泄露当事人的隐私；不得吃请受礼，以维护调解人员的崇高荣誉。

司法部关于城市街道办事处代行民间纠纷处理权的批复

（1992年9月18日 司发函〔1992〕370号）

福建省司法厅：

你厅《关于城市街道办事处能否作为受理处理民间纠纷的主体的请示》（闽司〔1992〕46号）收悉。经研究，批复如下：

一、《城市街道办事处组织条例》[①] 第四条第（二）项规定，街道办事处"指导居民委员会的工作"；根据现行宪法和城市居民委员会组织法的规定，居民委员会下设人民调解委员会负责调解民间纠纷，因此，城市街道办事处负有指导人民调解委员会和指导调解民间纠纷的法定职责。

二、《人民调解委员会组织条例》第九条第二款规定，"经过调解，当事人未达成协议或者达成协议后又反悔的，任何一方可以请求基层人民政府处理"，因为街道办事处是城市基层人民政府的派出机关，负有指导人民调解的职责，所以城市街道办事处可以代基层人民政府处理民间纠纷。

此复。

---

① 《城市街道办事处组织条例》已被2009年6月27日第十一届全国人民代表大会常务委员会第九次会议通过的《全国人民代表大会常务委员会关于废止部分法律的决定》废止。——编者注

最高人民法院、司法部关于进一步加强新形势下人民调解工作的意见

(2007年8月23日 司发〔2007〕10号)

各省、自治区、直辖市高级人民法院、司法厅（局），解放军军事法院，新疆维吾尔自治区高级人民法院新疆生产建设兵团分院、新疆生产建设兵团司法局：

近年来，在党中央、国务院的正确领导和支持下，在各级党委、政府的重视支持和各级人民法院、司法行政机关的指导下，各地认真贯彻落实《中共中央办公厅、国务院办公厅关于转发〈最高人民法院、司法部关于进一步加强新时期人民调解工作的意见〉的通知》（中办发〔2002〕23号），自觉围绕党委、政府中心工作，广泛深入开展人民调解工作，取得了显著成绩。人民调解组织逐步健全，人民调解员队伍不断发展，人民调解工作领域不断拓展，规范化水平不断提高，有效预防和及时化解了大量矛盾纠纷，为维护社会稳定、促进社会和谐、推动经济社会发展做出了积极贡献。党的十六届六中全会通过的《中共中央关于构建社会主义和谐社会若干重大问题的决定》，对构建社会主义和谐社会做出了全面部署，其中对人民调解工作提出了明确要求。构建社会主义和谐社会，给人民调解工作赋予了更大的责任，提供了更广阔的舞台。为深入贯彻落实党的十六大和十六届六中全会精神，充分发挥人民调解在构建社会主义和谐社会中的积极作用，现就进一步加强新形势下人民调解工作提出如下意见。

一、充分认识加强新形势下人民调解工作的重要意义。人民调解制度是一项中国特色社会主义法律制度。加强新形势下人民

调解工作，是构建社会主义和谐社会的客观要求，是预防和化解矛盾纠纷、促进社会和谐稳定的有效途径，在社会矛盾纠纷调解工作体系中具有基础作用。当前，我国社会总体上是和谐稳定的，经济持续平稳较快发展，综合国力大幅度提高，社会事业不断进步，人民生活不断改善，社会主义民主政治建设稳步推进。但影响社会和谐稳定的因素仍大量存在。随着经济体制深刻变革，社会结构深刻变动，利益格局深刻调整，思想观念深刻变化，我国经济社会生活中还会出现新的矛盾和问题。在长期实践中，我国形成了调解、仲裁、诉讼等多种矛盾纠纷化解方式。人民调解组织遍布城乡、网络健全，人民调解员植根基层、贴近群众，人民调解工作具有平等协商、互谅互让、不伤感情、成本低、效率高的特点，易为人民群众所接受，在化解矛盾纠纷中具有独特优势。加强人民调解工作，及时化解矛盾纠纷，促进人与人的和谐相处，促进民主法治建设，促进社会安定有序，既是构建社会主义和谐社会的重要内容，又是构建社会主义和谐社会的重要保障。各级人民法院、司法行政机关，要充分认识人民调解工作在构建社会主义和谐社会中的重要作用，进一步增强责任感和使命感，把加强人民调解工作贯穿于构建社会主义和谐社会整个过程，不断推进人民调解工作改革发展，最大限度地增加和谐因素，最大限度地减少不和谐因素。当前和今后一个时期人民调解工作总的要求是：以邓小平理论和"三个代表"重要思想为指导，深入贯彻落实科学发展观，深入贯彻落实党的十六大和十六届六中全会精神，深入贯彻落实党中央、国务院关于做好人民调解工作的一系列重要指示精神，深入贯彻落实中办发〔2002〕23号文件精神，坚持围绕中心、服务大局，以人为本、服务群众，以化解矛盾纠纷为主线，进一步发挥人民调解化解矛盾纠纷的功能、预防矛盾纠纷的功能和法制宣传教育的功能，进一步加强人民调解组织和队伍建设，进一步加强人民调解工作法制化、规范化建设，积极推进人民调解工作创新，不断完善中国特色人民调解制度，积极化解矛盾纠纷，维护社会和谐稳定，为构建社会主义和谐社会和全面建设小康社会做出新的贡献。

二、积极化解矛盾纠纷。以化解社会矛盾纠纷为主线，进一步发挥人民调解化解矛盾纠纷的功能。要加强婚姻、家庭、邻里、损害赔偿和生产经营等常见性、多发性矛盾纠纷的调解工作，促进家庭和谐、邻里和睦，维持和发展和谐的人际关系和社会关系。努力适应新形势下矛盾纠纷发展变化的趋势，大力拓展调解领域，依法调解公民与法人、公民与其他社会组织之间的纠纷，积极参与城乡建设、土地承包、环境保护、劳动争议、医患纠纷、征地拆迁等社会热点、难点纠纷的调解，促进解决民生问题，缓解利益冲突，密切党群干群关系。对调解不成的，要及时主动向当地党委、政府汇报，依靠党委政府和基层组织妥善解决，努力维护社会和谐稳定。

三、认真做好矛盾纠纷预防工作。把预防矛盾纠纷作为新形势下人民调解工作的重点，进一步强化人民调解预防矛盾纠纷的功能。建立健全矛盾纠纷情报信息网络，完善信息收集、报送、分析制度，准确了解掌握民间矛盾纠纷信息，及时发现可能导致矛盾纠纷的潜在因素，对各类矛盾纠纷信息做出快速反应、及时处置。建立健全矛盾纠纷定期排查制度，立足抓早抓小抓苗头，认真做好矛盾纠纷排查调处工作，努力把矛盾纠纷消灭在萌芽状态，防止简单民间纠纷转化为刑事案件，引发群体性事件。建立健全矛盾纠纷信息反馈机制，及时向基层党委、政府反映社情民意，提出工作建议，当好党委、政府化解矛盾纠纷、维护社会稳定的参谋助手。

四、强化人民调解的法制宣传教育功能。要把个案调解与有针对性地开展法制宣传教育结合起来，开展生动活泼的法制宣传教育活动，增强当事人和广大群众的法律意识，教育引导广大群众遵纪守法，通过合法的渠道反映合理的诉求，依法维护自己的合法权益。要把人民调解与宣传党和国家的方针政策结合起来，教育引导人民群众理解支持党和政府的政策措施，自觉维护改革发展稳定的大局。要把人民调解与思想道德教育结合起来，宣传以"八荣八耻"为主要内容的社会主义荣辱观，宣传社会公德、职业道德和家庭美德，提高人民群众的思想道德水平。

五、进一步加强人民调解与诉讼程序的衔接配合。人民调解组织要依法调解矛盾纠纷，规范制作人民调解协议书。各级人民法院特别是基层人民法院及其派出的人民法庭，要严格按照《最高人民法院关于审理涉及人民调解协议的民事案件的若干规定》，及时受理涉及人民调解协议的民事案件，并依法确认人民调解协议的法律效力。当事人持已经生效的人民调解协议向人民法院申请支付令的，人民法院应当及时审查，符合法定条件的，应当及时发出支付令。人民法院对于常见性、多发性的简单民事纠纷，在当事人起诉时或立案前，可以引导当事人通过人民调解解决矛盾纠纷。人民法院对于进入诉讼程序的民事案件，在征得当事人的同意后，可以委托人民调解组织对案件进行调解。人民法院对刑事自诉案件和其他轻微刑事案件，可以根据案件实际情况，参照民事调解的原则和程序，尝试推动当事人和解，尝试委托人民调解组织调解。

六、积极推进人民调解工作创新。要创新人民调解工作理念。坚持以人为本，服务群众，把维护群众切身利益、促进民生问题解决作为人民调解工作的根本出发点。要创新人民调解工作方法。根据矛盾纠纷的性质、难易程度以及当事人的具体情况，充分利用"村头"、"地头"、"街头""炕头"调解等适应基层特点的、群众喜闻乐见的方式，综合运用教育、协商、疏导等办法，因地制宜、不失时机地开展人民调解工作。充分依靠人民群众开展调解工作，引导群众自我管理、自我服务、自我教育、自我约束。注意邀请专家学者和有关部门的工作人员参与专业性较强的纠纷调解工作。积极探索运用网络、通讯等现代科技手段开展人民调解工作，方便人民群众，提高工作效率。要创新人民调解工作机制。把人民调解工作与基层民主政治建设相结合，与社会治安综合治理相结合，与人民来信来访工作相结合。积极推进人民调解、行政调解和司法调解的有效衔接，着力构建在党委政府领导下，以人民调解为基础，人民调解、行政调解和司法调解相互衔接、相互补充的调解工作体系。

七、大力推进人民调解法制化、规范化建设。坚持公开、公平、公正的要求，遵循依法调解、平等自愿、尊重当事人诉讼权利的原则，依法规范调解，维护当事人合法权益。立足人民调解的性质和特点，规范人民调解工作范围。细化调解工作流程，规范人民调解工作程序。建立健全人民调解委员会的岗位责任制、重大纠纷讨论、回访等制度，规范人民调解工作管理。制定人民调解员行为规范，严格人民调解工作纪律。继续推进统一人民调解文书格式和标识徽章工作。要积极推动人民调解立法工作，修改完善有关法规制度，确保人民调解工作有法可依、依法进行。

八、大力加强人民调解组织建设。要结合农村基层组织建设和城市社区建设，进一步巩固和发展村（居）人民调解委员会。切实加强乡镇（街道）调解组织建设，健全完善乡镇（街道）人民调解组织，充分发挥其化解疑难复杂纠纷、指导村（居）调解组织开展工作的作用。进一步加强企事业单位调解组织建设，着力推进改制企业、民营企业、中外合资企业和外资企业调解组织建设。积极稳妥地发展区域性、行业性的自律性调解组织，积极推进在流动人口聚居区、毗邻接边地区、大型集贸市场、物业管理小区、消费者协会等建立调解组织，建立健全组织网络，活跃人民调解工作，不断增强自身活力。

九、大力加强人民调解员队伍建设。健全完善人民调解员选任、聘任制度，按照《人民调解工作若干规定》中人民调解员选任条件,调整、充实、健全人民调解员队伍。积极吸纳退休法官、检察官、警官,以及律师、公证员、法律工作者等志愿者参与人民调解工作,不断优化调解员队伍的知识结构。要加大人民调解员培训力度,把调解员培训纳入司法行政队伍培训计划,坚持统一规划、分级实施,切实加强人民调解员培训工作,重点加强对人民调解小组长和人民调解骨干的培训,不断提高人民调解员的政治素质、业务能力和调解技巧。要切实关心爱护广大人民调解员,帮助解决实际困难,解除他们的后顾之忧,引导好、发挥好、保护好他们的工作积极性。要大力宣传表彰在人民调解工作中做出突出贡献的人民调解组织和人民调解员,总结推广他们的好经验、好做法,推动人民调解工作不断发展。

十、切实保障人民调解经费。要根据新形势下人民调解工作发展的实际需要,积极推进建立人民调解经费财政保障机制,切实提高人民调解工作物质保障能力。要根据当地经济社会发展水平,不断提高人民调解委员会工作经费和人民调解员补贴标准。要认真贯彻落实《财政部司法部关于进一步加强人民调解工作经费保障的意见》,把司法行政机关指导人民调解工作经费、人民调解委员会工作经费和人民调解员补贴经费列入财政预算,切实予以保障。要切实加强人民调解经费管理,研究制定使用管理办法,管好用好人民调解经费。

十一、进一步加强对人民调解工作指导。各级人民法院和司法行政机关要进一步加强协调配合,共同履行好指导人民调解工作的法定职责。要积极向党委、政府报告,争取党委、政府的领导和重视,把人民调解工作列入党委、政府工作日程,研究解决人民调解工作中遇到的重大问题。各级人民法院和司法行政机关,要深入基层、深入群众,加强调查研究,了解把握新形势下人民调解工作的规律和特点,采取有针对性的措施,不断加强人民调解的组织建设、队伍建设和规范化建设,推动本地区人民调解工作深入发展。要一切从实际出发，区别不同地区、不同行业、不同层次的人民调解组织的不同情况，实施分类指导。人民法庭和司法所要切实加强对人民调解组织日常工作的指导和监督，不断提高人民调解工作的质量和水平。要认真落实党中央、国务院关于加强"两所一庭"建设的指示精神，大力加强人民法庭和司法所基础设施建设、业务建设、队伍建设，加大对直接负有人民调解工作指导责任的人民法官和司法行政工作人员的教育培训力度。不断提高他们指导人民调解工作的能力和水平，努力推进人民调解工作改革发展，为构建社会主义和谐社会和全面建设小康社会做出新的贡献。

最高人民法院关于人民法院民事调解工作若干问题的规定

（2004年8月18日最高人民法院审判委员会第1321次会议通过 根据2008年12月16日公布的《最高人民法院关于调整司法解释等文件中引用〈中华人民共和国民事诉讼法〉条文序号的决定》第一次修正 根据2020年12月23日最高人民法院审判委员会第1823次会议通过的《最高人民法院关于修改〈最高人民法院关于人民法院民事调解工作若干问题的规定〉等十九件民事诉讼类司法解释的决定》第二次修正 2020年12月29日最高人民法院公告公布 该修正自2021年1月1日起施行 法释〔2020〕20号）

为了保证人民法院正确调解民事案件，及时解决纠纷，保障和方便当事人依法行使诉讼权利，节约司法资源，根据《中华人民共和国民事诉讼法》等法律的规定，结合人民法院调解工作的经验和实际情况，制定本规定。

第一条 根据民事诉讼法第九十五条的规定，人民法院可以邀请与当事人有特定关系或者与案件有一定联系的企业事业单位、社会团体或者其他组织，和具有专门知识、特定社会经验、与当事人有特定关系并有利于促成调解的个人协助调解工作。

经各方当事人同意，人民法院可以委托前款规定的单位或者个人对案件进行调解，达成调解协议后，人民法院应当依法予以确认。

第二条 当事人在诉讼过程中自行达成和解协议的，人民法院可以根据当事人的申请依法确认和解协议制作调解书。双方当事人申请庭外和解的期间，不计入审限。

当事人在和解过程中申请人民法院对和解活动进行协调的，人民法院可以委派审判辅助人员或者邀请、委托有关单位和个人从事协调活动。

第三条 人民法院应当在调解前告知当事人主持调解人员和书记员姓名以及是否申请回避等有关诉讼权利和诉讼义务。

第四条 在答辩期满前人民法院对案件进行调解，适用普通程序的案件在当事人同意调解之日起 15 天内，适用简易程序的案件在当事人同意调解之日起 7 天内未达成调解协议的，经各方当事人同意，可以继续调解。延长的调解期间不计入审限。

第五条 当事人申请不公开进行调解的，人民法院应当准许。

调解时当事人各方应当同时在场，根据需要也可以对当事人分别作调解工作。

第六条 当事人可以自行提出调解方案，主持调解的人员也可以提出调解方案供当事人协商时参考。

第七条 调解协议内容超出诉讼请求的，人民法院可以准许。

第八条 人民法院对于调解协议约定一方不履行协议应当承

担民事责任的，应予准许。

调解协议约定一方不履行协议，另一方可以请求人民法院对案件作出裁判的条款，人民法院不予准许。

第九条 调解协议约定一方提供担保或者案外人同意为当事人提供担保的，人民法院应当准许。

案外人提供担保的，人民法院制作调解书应当列明担保人，并将调解书送交担保人。担保人不签收调解书的，不影响调解书生效。

当事人或者案外人提供的担保符合民法典规定的条件时生效。

第十条 调解协议具有下列情形之一的，人民法院不予确认：

（一）侵害国家利益、社会公共利益的；

（二）侵害案外人利益的；

（三）违背当事人真实意思的；

（四）违反法律、行政法规禁止性规定的。

第十一条 当事人不能对诉讼费用如何承担达成协议的，不影响调解协议的效力。人民法院可以直接决定当事人承担诉讼费用的比例，并将决定记入调解书。

第十二条 对调解书的内容既不享有权利又不承担义务的当事人不签收调解书的，不影响调解书的效力。

第十三条 当事人以民事调解书与调解协议的原意不一致为由提出异议，人民法院审查后认为异议成立的，应当根据调解协议裁定补正民事调解书的相关内容。

第十四条 当事人就部分诉讼请求达成调解协议的，人民法院可以就此先行确认并制作调解书。

当事人就主要诉讼请求达成调解协议，请求人民法院对未达成协议的诉讼请求提出处理意见并表示接受该处理结果的，人民法院的处理意见是调解协议的一部分内容，制作调解书的记入调解书。

第十五条 调解书确定的担保条款条件或者承担民事责任的

条件成就时,当事人申请执行的,人民法院应当依法执行。

不履行调解协议的当事人按照前款规定承担了调解书确定的民事责任后,对方当事人又要求其承担民事诉讼法第二百五十三条规定的迟延履行责任的,人民法院不予支持。

第十六条 调解书约定给付特定标的物的,调解协议达成前该物上已经存在的第三人的物权和优先权不受影响。第三人在执行过程中对执行标的物提出异议的,应当按照民事诉讼法第二百二十七条规定处理。

第十七条 人民法院对刑事附带民事诉讼案件进行调解,依照本规定执行。

第十八条 本规定实施前人民法院已经受理的案件,在本规定施行后尚未审结的,依照本规定执行。

第十九条 本规定实施前最高人民法院的有关司法解释与本规定不一致的,适用本规定。

第二十条 本规定自2004年11月1日起实施。

最高人民法院关于建立健全诉讼与非诉讼相衔接的矛盾纠纷解决机制的若干意见

(2009年7月24日 法发〔2009〕45号)

为发挥人民法院在建立健全诉讼与非诉讼相衔接的矛盾纠纷解决机制方面的积极作用,促进各种纠纷解决机制的发展,现制定以下意见。

一、明确主要目标和任务要求

1. 建立健全诉讼与非诉讼相衔接的矛盾纠纷解决机制的主要

目标是：充分发挥人民法院、行政机关、社会组织、企事业单位以及其他各方面的力量，促进各种纠纷解决方式相互配合、相互协调和全面发展，做好诉讼与非诉讼渠道的相互衔接，为人民群众提供更多可供选择的纠纷解决方式，维护社会和谐稳定，促进经济社会又好又快发展。

2. 建立健全诉讼与非诉讼相衔接的矛盾纠纷解决机制的主要任务是：充分发挥审判权的规范、引导和监督作用，完善诉讼与仲裁、行政调处、人民调解、商事调解、行业调解以及其他非诉讼纠纷解决方式之间的衔接机制，推动各种纠纷解决机制的组织和程序制度建设，促使非诉讼纠纷解决方式更加便捷、灵活、高效，为矛盾纠纷解决机制的繁荣发展提供司法保障。

3. 在建立健全诉讼与非诉讼相衔接的矛盾纠纷解决机制的过程中，必须紧紧依靠党委领导，积极争取政府支持，鼓励社会各界参与，充分发挥司法的推动作用；必须充分保障当事人依法处分自己的民事权利和诉讼权利。

二、促进非诉讼纠纷解决机制的发展

4. 认真贯彻执行《中华人民共和国仲裁法》和相关司法解释，在仲裁协议效力、证据规则、仲裁程序、裁决依据、撤销裁决审查标准、不予执行裁决审查标准等方面，尊重和体现仲裁制度的特有规律，最大程度地发挥仲裁制度在纠纷解决方面的作用。对于仲裁过程中申请证据保全、财产保全的，人民法院应当依法及时办理。

5. 认真贯彻执行《中华人民共和国劳动争议调解仲裁法》和相关司法解释的规定，加强与劳动、人事争议等仲裁机构的沟通和协调，根据劳动、人事争议案件的特点采取适当的审理方式，支持和鼓励仲裁机制发挥作用。对劳动、人事争议仲裁机构不予受理或者逾期未作出决定的劳动、人事争议事项，申请人向人民法院提起诉讼的，人民法院应当依法受理。

6. 要进一步加强与农村土地承包仲裁机构的沟通和协调，妥善处理农村土地承包纠纷，努力为农村改革发展提供强有力的司法保障和法律服务。当事人对农村土地承包仲裁机构裁决不服而提起诉讼的，人民法院应当及时审理。当事人申请法院强制执行已经发生法律效力的裁决书和调解书的，人民法院应当依法及时执行。

7. 人民法院要大力支持、依法监督人民调解组织的调解工作，在审理涉及人民调解协议的民事案件时，应当适用有关法律规定。

8. 为有效化解行政管理活动中发生的各类矛盾纠纷，人民法院鼓励和支持行政机关依当事人申请或者依职权进行调解、裁决或者依法作出其他处理。调解、裁决或者依法作出的其他处理具有法律效力。当事人不服行政机关对平等主体之间民事争议所作的调解、裁决或者其他处理，以对方当事人为被告就原争议向人民法院起诉的，由人民法院作为民事案件受理。法律或司法解释明确规定作为行政案件受理的，人民法院在对行政行为进行审查时，可对其中的民事争议一并审理，并在作出行政判决的同时，依法对当事人之间的民事争议一并作出民事判决。

行政机关依法对民事纠纷进行调处后达成的有民事权利义务内容的调解协议或者作出的其他不属于可诉具体行政行为的处理，经双方当事人签字或者盖章后，具有民事合同性质，法律另有规定的除外。

9. 没有仲裁协议的当事人申请仲裁委员会对民事纠纷进行调解的，由该仲裁委员会专门设立的调解组织按照公平中立的调解规则进行调解后达成的有民事权利义务内容的调解协议，经双方当事人签字或者盖章后，具有民事合同性质。

10. 人民法院鼓励和支持行业协会、社会组织、企事业单位等建立健全调解相关纠纷的职能和机制。经商事调解组织、行业调解组织或者其他具有调解职能的组织调解后达成的具有民事权利义务内容的调解协议，经双方当事人签字或者盖章后，具有民事合同性质。

11. 经《中华人民共和国劳动争议调解仲裁法》规定的调解组织调解达成的劳动争议调解协议，由双方当事人签名或者盖章，经调解员签名并加盖调解组织印章后生效，对双方当事人具有合同约束力，当事人应当履行。双方当事人可以不经仲裁程序，根据本意见关于司法确认的规定直接向人民法院申请确认调解协议效力。人民法院不予确认的，当事人可以向劳动争议仲裁委员会申请仲裁。

12. 经行政机关、人民调解组织、商事调解组织、行业调解组织或者其他具有调解职能的组织对民事纠纷调解后达成的具有给付内容的协议，当事人可以按照《中华人民共和国公证法》的规定申请公证机关依法赋予强制执行效力。债务人不履行或者不适当履行具有强制执行效力的公证文书的，债权人可以依法向有管辖权的人民法院申请执行。

13. 对于具有合同效力和给付内容的调解协议，债权人可以根据《中华人民共和国民事诉讼法》和相关司法解释的规定向有管辖权的基层人民法院申请支付令。申请书应当写明请求给付金钱或者有价证券的数量和所根据的事实、证据，并附调解协议原件。

因支付拖欠劳动报酬、工伤医疗费、经济补偿或者赔偿金事项达成调解协议，用人单位在协议约定期限内不履行的，劳动者可以持调解协议书依法向人民法院申请支付令。

三、完善诉讼活动中多方参与的调解机制

14. 对属于人民法院受理民事诉讼的范围和受诉人民法院管辖的案件，人民法院在收到起诉状或者口头起诉之后、正式立案之前，可以依职权或者经当事人申请后，委派行政机关、人民调解组织、商事调解组织、行业调解组织或者其他具有调解职能的组织进行调解。当事人不同意调解或者在商定、指定时间内不能达成调解协议的，人民法院应当依法及时立案。

15. 经双方当事人同意，或者人民法院认为确有必要的，人民法院可以在立案后将民事案件委托行政机关、人民调解组织、商事调解组织、行业调解组织或者其他具有调解职能的组织协助进行调解。当事人可以协商选定有关机关或者组织，也可商请人民法院确定。

调解结束后，有关机关或者组织应当将调解结果告知人民法院。达成调解协议的，当事人可以申请撤诉、申请司法确认，或者由人民法院经过审查后制作调解书。调解不成的，人民法院应当及时审判。

16. 对于已经立案的民事案件，人民法院可以按照有关规定邀请符合条件的组织或者人员与审判组织共同进行调解。调解应当在人民法院的法庭或者其他办公场所进行，经当事人同意也可以在法院以外的场所进行。达成调解协议的，可以允许当事人撤诉，或者由人民法院经过审查后制作调解书。调解不成的，人民法院应当及时审判。

开庭前从事调解的法官原则上不参与同一案件的开庭审理，当事人同意的除外。

17. 有关组织调解案件时，在不违反法律、行政法规强制性规定的前提下，可以参考行业惯例、村规民约、社区公约和当地善良风俗等行为规范，引导当事人达成调解协议。

18. 在调解过程中当事人有隐瞒重要事实、提供虚假情况或者故意拖延时间等行为的，调解员可以给予警告或者终止调解，并将有关情况报告委派或委托人民法院。当事人的行为给其他当事人或者案外人造成损失的，应当承担相应的法律责任。

19. 调解过程不公开，但双方当事人要求或者同意公开调解的除外。

从事调解的机关、组织、调解员，以及负责调解事务管理的法院工作人员，不得披露调解过程的有关情况，不得在就相关案件进行的诉讼中作证，当事人不得在审判程序中将调解过程中制作的笔录、当事人为达成调解协议而作出的让步或者承诺、调解员或者当事人发表的任何意见或者建议等作为证据提出，但下列情形除外：

（一）双方当事人均同意的；

（二）法律有明确规定的；

（三）为保护国家利益、社会公共利益、案外人合法权益，人民法院认为确有必要的。

四、规范和完善司法确认程序

20. 经行政机关、人民调解组织、商事调解组织、行业调解组织或者其他具有调解职能的组织调解达成的具有民事合同性质的协议，经调解组织和调解员签字盖章后，当事人可以申请有管辖权的人民法院确认其效力。当事人请求履行调解协议、请求变更、撤销调解协议或者请求确认调解协议无效的，可以向人民法院提起诉讼。

21. 当事人可以在书面调解协议中选择当事人住所地、调解协议履行地、调解协议签订地、标的物所在地基层人民法院管辖，但不得违反法律对专属管辖的规定。当事人没有约定的，除《中华人民共和国民事诉讼法》第三十四条规定的情形外，由当事人住所地或者调解协议履行地的基层人民法院管辖。经人民法院委派或委托有关机关或者组织调解达成的调解协议的申请确认案件，由委派或委托人民法院管辖。

22. 当事人应当共同向有管辖权的人民法院以书面形式或者口头形式提出确认申请。一方当事人提出申请，另一方表示同意的，视为共同提出申请。当事人提出申请时，应当向人民法院提交调解协议书、承诺书。人民法院在收到申请后应当及时审查，材料齐备的，及时向当事人送达受理通知书。双方当事人签署的承诺书应当明确载明以下内容：

（一）双方当事人出于解决纠纷的目的自愿达成协议，没有恶意串通、规避法律的行为；

（二）如果因为该协议内容而给他人造成损害的，愿意承担相应的民事责任和其他法律责任。

23. 人民法院审理申请确认调解协议案件，参照适用《中华人民共和国民事诉讼法》有关简易程序的规定。案件由审判员一人独任审理，双方当事人应当同时到庭。人民法院应当面询问双方当事人是否理解所达成协议的内容，是否接受因此而产生的后果，是否愿意由人民法院通过司法确认程序赋予该协议强制执行的效力。

24. 有下列情形之一的，人民法院不予确认调解协议效力：

（一）违反法律、行政法规强制性规定的；

（二）侵害国家利益、社会公共利益的；

（三）侵害案外人合法权益的；

（四）涉及是否追究当事人刑事责任的；

（五）内容不明确，无法确认和执行的；

（六）调解组织、调解员强迫调解或者有其他严重违反职业道德准则的行为的；

（七）其他情形不应当确认的。

当事人在违背真实意思的情况下签订调解协议，或者调解组织、调解员与案件有利害关系、调解显失公正的，人民法院对调解协议效力不予确认，但当事人明知存在上述情形，仍坚持申请确认的除外。

25. 人民法院依法审查后，决定是否确认调解协议的效力。确认调解协议效力的决定送达双方当事人后发生法律效力，一方当事人拒绝履行的，另一方当事人可以依法申请人民法院强制执行。

五、建立健全工作机制

26. 有条件的地方人民法院可以按照一定标准建立调解组织名册和调解员名册，以便于引导当事人选择合适的调解组织或者调解员调解纠纷。人民法院可以根据具体情况及时调整调解组织名册和调解员名册。

27. 调解员应当遵守调解员职业道德准则。人民法院在办理相关案件过程中发现调解员与参与调解的案件有利害关系，可能影响其保持中立、公平调解的，或者调解员有其他违反职业道德准则的行为的，应当告知调解员回避、更换调解员、终止调解或者采取其他适当措施。除非当事人另有约定，人民法院不允许调解员在参与调解后又在就同一纠纷或者相关纠纷进行的诉讼程序中作为一方当事人的代理人。

28. 根据工作需要，人民法院指定院内有关单位或者人员负责管理协调与调解组织、调解员的沟通联络、培训指导等工作。

29. 各级人民法院应当加强与其他国家机关、社会组织、企事业单位和相关组织的联系，鼓励各种非诉讼纠纷解决机制的创新，通过适当方式参与各种非诉讼纠纷解决机制的建设，理顺诉讼与非诉讼相衔接过程中出现的各种关系，积极推动各种非诉讼纠纷解决机制的建立和完善。

30. 地方各级人民法院应当根据实际情况，制定关于调解员条件、职业道德、调解费用、诉讼费用负担、调解管理、调解指导、衔接方式等规范。高级人民法院制定的相关工作规范应当报最高人民法院备案。基层人民法院和中级人民法院制定的相关工作规范应当报高级人民法院备案。

最高人民法院关于仲裁机构"先予仲裁"裁决或者调解书立案、执行等法律适用问题的批复

(2018年5月28日最高人民法院审判委员会第1740次会议通过 2018年6月5日最高人民法院公告公布 自2018年6月12日起施行 法释〔2018〕10号)

广东省高级人民法院:

你院《关于"先予仲裁"裁决应否立案执行的请示》(粤高法〔2018〕99号)收悉。经研究,批复如下:

当事人申请人民法院执行仲裁机构根据仲裁法作出的仲裁裁决或者调解书,人民法院经审查,符合民事诉讼法、仲裁法相关规定的,应当依法及时受理,立案执行。但是,根据仲裁法第二条的规定,仲裁机构可以仲裁的是当事人间已经发生的合同纠纷和其他财产权益纠纷。因此,网络借贷合同当事人申请执行仲裁机构在纠纷发生前作出的仲裁裁决或者调解书的,人民法院应当裁定不予受理;已经受理的,裁定驳回执行申请。

你院请示中提出的下列情形,应当认定为民事诉讼法第二百三十七条第二款第三项规定的"仲裁庭的组成或者仲裁的程序违反法定程序"的情形:

一、仲裁机构未依照仲裁法规定的程序审理纠纷或者主持调解,径行根据网络借贷合同当事人在纠纷发生前签订的和解或者调解协议作出仲裁裁决、仲裁调解书的;

二、仲裁机构在仲裁过程中未保障当事人申请仲裁员回避、提供证据、答辩等仲裁法规定的基本程序权利的。

前款规定情形中，网络借贷合同当事人以约定弃权条款为由，主张仲裁程序未违反法定程序的，人民法院不予支持。

人民法院办理其他合同纠纷、财产权益纠纷仲裁裁决或者调解书执行案件，适用本批复。

此复。

司法部、卫生部、保监会关于加强医疗纠纷人民调解工作的意见

（2010年1月8日 司法通〔2010〕5号）

各省、自治区、直辖市司法厅（局）、卫生厅（局），新疆生产建设兵团司法局、卫生局，各保监局：

为进一步发挥新时期人民调解工作在化解医疗纠纷、和谐医患关系、促进平安医院建设、构建社会主义和谐社会中的重要作用，现就加强医疗纠纷人民调解工作提出如下意见：

一、高度重视人民调解工作的重要作用，积极构建和谐医患关系

构建和谐的医患关系，维护医患双方的合法权益，维持正常的医疗秩序，实现病有所医，是以改善民生为重点的社会建设的重要内容，是构建社会主义和谐社会的需要。近年来，随着我国经济、社会、文化等各项事业的快速发展，人民群众不断增长的医疗服务需求与医疗服务能力、医疗保障水平的矛盾日益突出，人民群众对疾病的诊治期望与医学技术的客观局限性之间的矛盾日益突出，因医疗产生的医患纠纷呈频发态势，严重影响医疗秩序，一些地方甚至出现了因医疗纠纷引发的群体性事件，成为影响社会稳定的突出问题。贯彻"调解优先"原则，引入人民调解

工作机制，充分发挥人民调解工作预防和化解矛盾纠纷的功能，积极参与医疗纠纷的化解工作，对于建立和谐的医患关系，最大限度地消除不和谐因素，最大限度地增加和谐因素，更好地维护社会稳定具有十分重要的意义。

加强医疗纠纷人民调解工作要以邓小平理论和"三个代表"重要思想为指导，深入贯彻落实科学发展观，坚持围绕中心、服务大局，发挥人民调解扎根基层、贴近群众、熟悉民情的特点和优势，坚持合理合法、平等自愿、不妨碍当事人诉讼权利的原则，及时妥善、公平公正地化解医疗纠纷，构建和谐医患关系，维护社会和谐稳定。

二、加强医疗纠纷人民调解组织建设

医疗纠纷人民调解委员会是专业性人民调解组织。各级司法行政部门、卫生行政部门要积极与公安、保监、财政、民政等相关部门沟通，指导各地建立医疗纠纷人民调解委员会，为化解医疗纠纷提供组织保障。

要积极争取党委、政府支持，建立由党委、政府领导的，司法行政部门和卫生行政部门牵头，公安、保监、财政、民政等相关部门参加的医疗纠纷人民调解工作领导小组，明确相关部门在化解医疗纠纷、维护医疗机构秩序、保障医患双方合法权益等方面的职责和任务，指导医疗纠纷人民调解委员会的工作。

医疗纠纷人民调解委员会原则上在县（市、区）设立。各地应结合本地实际，循序渐进，有计划、有步骤开展，不搞一刀切。

三、加强医疗纠纷人民调解员队伍建设

医疗纠纷人民调解委员会人员组成，要注重吸纳具有较强专业知识和较高调解技能、热心调解事业的离退休医学专家、法官、检察官、警官，以及律师、公证员、法律工作者和人民调解员。原则上每个医疗纠纷人民调解委员会至少配备3名以上专职人民调解员；涉及保险工作的，应有相关专业经验和能力的保险人员；要积极发挥人大代表、政协委员、社会工作者等各方面的作用，逐步建立起专兼职相结合的医疗纠纷人民调解员队伍。

要重视和加强对医疗纠纷人民调解员的培训，把医疗纠纷人民调解员培训纳入司法行政队伍培训计划，坚持统一规划、分级负责、分期分批实施，不断提高医疗纠纷人民调解员的法律知识、医学专业知识、业务技能和调解工作水平。

四、建立健全医疗纠纷人民调解委员会的保障机制

医疗纠纷人民调解委员会调解医疗纠纷不收费。其办公场所、工作经费应当由设立单位解决。经费不足的，各级司法行政部门按照财政部、司法部《关于进一步加强人民调解工作经费保障的意见》（财行〔2007〕179号）的要求，争取补贴。鼓励医疗纠纷人民调解委员会通过吸纳社会捐赠、公益赞助等符合国家法律法规规定的渠道筹措工作经费。

各地要按照规范化人民调解委员会建设的标准，建设医疗纠纷人民调解委员会。医疗纠纷人民调解委员会的办公场所，应设置办公室、接待室、调解室、档案室等，悬挂人民调解工作标识和"医疗纠纷人民调解委员会"标牌，配备必要的办公设施。要建立健全各项规章制度，规范工作流程，并将工作制度、工作流程和人民调解委员会组成人员加以公示。

五、规范医疗纠纷人民调解委员会的业务工作

医疗纠纷人民调解委员会受理本辖区内医疗机构与患者之间的医疗纠纷。受理范围包括患者与医疗机构及其医务人员就检查、诊疗、护理等过程中发生的行为、造成的后果及原因、责任、赔偿等问题，在认识上产生分歧而引起的纠纷。

医疗纠纷人民调解委员会调解医疗纠纷应当按照国务院《人民调解委员会组织条例》、司法部《人民调解工作若干规定》的要求，采取说服、教育、疏导等方法，促使医患双方当事人消除隔阂，在平等协商、互谅互让的基础上达成调解协议。要善于根据矛盾纠纷的性质、难易程度和当事人的具体情况，充分利用便民利民的方式，因地制宜地开展调解工作，切实提高人民调解工作质量。需要进行相关鉴定以明确责任的，经双方同意，医疗纠纷人民调解委员会可以委托有法定资质的专业鉴定机构进行鉴定。调解成功的一般应当制作人民调解协议书，人民调解委员会应当督促当事人履行协议。

六、加强医疗纠纷人民调解工作的指导管理

各级司法行政部门和卫生行政部门应当加强沟通与协作，通过医疗纠纷人民调解工作领导小组加强对医疗纠纷人民调解工作的指导。要建立健全联席会议制度，定期召开会议，通报工作情况，共同研究和解决工作中遇到的困难和问题。

司法行政部门要会同卫生、保监、财政、民政等部门加强对医疗纠纷人民调解委员会的监督指导，建立医学、法学专家库，提供专业咨询指导，帮助医疗纠纷人民调解委员会做到依法、规范调解。要对医疗纠纷人民调解员的工作进行定期评估，帮助他们不断改进工作。

卫生行政部门要指导各级各类医疗机构坚持"以病人为中心"，提高医疗质量，注重人文关怀，加强医患沟通，正确处理事前防范与事后处置的关系，通过分析典型医疗纠纷及其特点进行针对性改进，预防和减少医疗纠纷的发生。各省、自治区、直辖市卫生行政部门可根据本地实际情况，对公立医疗机构就医疗纠纷与患者自行和解的经济补偿、赔偿最高限额等予以规定。

七、进一步健全和完善医疗责任保险制度

各地要积极推进医疗责任保险工作。司法行政部门要指导医疗纠纷人民调解组织加强与卫生行政部门、保险部门的沟通，建立信息共享、互动合作的长效工作机制。各级卫生行政部门要组织公立医疗机构参加医疗责任保险，鼓励和支持其他各级各类医疗机构参加医疗责任保险。保监部门要鼓励、支持和引导保险公司积极依托医疗纠纷人民调解机制,处理涉及医疗责任保险的有关保险赔案,在医疗纠纷调解委员会主持下达成的调解协议,是医疗责任保险理赔的依据。形成医疗纠纷人民调解和保险理赔互为补充、互相促进的良好局面。

八、加大医疗纠纷人民调解工作宣传表彰力度

要引导新闻单位坚持正面宣传报道为主,大力宣传医疗卫生工作者为维护人民群众的身体健康和生命安全所作出的不懈努力和无私奉献;宣传医德高尚、医术精湛的正面典型,弘扬正气,增强医患之间的信任感;客观宣传生命科学和临床医学的特殊性、高科技性和高风险性,引导群众理性对待可能发生的医疗风险和医疗损害纠纷,优化医疗执业环境,增进社会各界对医学和医疗卫生工作的尊重、理解和支持。要加强对医疗纠纷人民调解工作的宣传,通过多种形式,借助有关媒体大力宣传医疗纠纷人民调解工作的特点、优势、方法、程序以及调解协议的效力,引导纠纷当事人尽可能地通过调解的方式解决纠纷。对于在医疗纠纷人民调解工作中表现突出的先进集体和先进个人应当予以大力表彰和宣传。

最高人民法院关于人民调解协议司法确认程序的若干规定

(2011年3月23日 法释〔2011〕5号)

为了规范经人民调解委员会调解达成的民事调解协议的司法确认程序,进一步建立健全诉讼与非诉讼相衔接的矛盾纠纷解决机制,依照《中华人民共和国民事诉讼法》和《中华人民共和国人民调解法》的规定,结合审判实际,制定本规定。

第一条　当事人根据《中华人民共和国人民调解法》第三十三条的规定共同向人民法院申请确认调解协议的，人民法院应当依法受理。

第二条　当事人申请确认调解协议的，由主持调解的人民调解委员会所在地基层人民法院或者它派出的法庭管辖。

人民法院在立案前委派人民调解委员会调解并达成调解协议，当事人申请司法确认的，由委派的人民法院管辖。

第三条　当事人申请确认调解协议，应当向人民法院提交司法确认申请书、调解协议和身份证明、资格证明，以及与调解协议相关的财产权利证明等证明材料，并提供双方当事人的送达地址、电话号码等联系方式。委托他人代为申请的，必须向人民法院提交由委托人签名或者盖章的授权委托书。

第四条　人民法院收到当事人司法确认申请，应当在三日内决定是否受理。人民法院决定受理的，应当编立"调确字"案号，并及时向当事人送达受理通知书。双方当事人同时到法院申请司法确认的，人民法院可以当即受理并作出是否确认的决定。

有下列情形之一的，人民法院不予受理：

（一）不属于人民法院受理民事案件的范围或者不属于接受申请的人民法院管辖的；

（二）确认身份关系的；

（三）确认收养关系的；

（四）确认婚姻关系的。

第五条　人民法院应当自受理司法确认申请之日起十五日内作出是否确认的决定。因特殊情况需要延长的，经本院院长批准，可以延长十日。

在人民法院作出是否确认的决定前，一方或者双方当事人撤回司法确认申请的，人民法院应当准许。

第六条　人民法院受理司法确认申请后，应当指定一名审判人员对调解协议进行审查。人民法院在必要时可以通知双方当事人同时到场，当面询问当事人。当事人应当向人民法院如实陈述申请确认的调解协议的有关情况，保证提交的证明材料真实、合法。人民法院在审查中，认为当事人的陈述或者提供的证明材料不充分、不完备或者有疑义的，可以要求当事人补充陈述或者补充证明材料。当事人无正当理由未按时补充或者拒不接受询问的，可以按撤回司法确认申请处理。

第七条 具有下列情形之一的，人民法院不予确认调解协议效力：

（一）违反法律、行政法规强制性规定的；
（二）侵害国家利益、社会公共利益的；
（三）侵害案外人合法权益的；
（四）损害社会公序良俗的；
（五）内容不明确，无法确认的；
（六）其他不能进行司法确认的情形。

第八条 人民法院经审查认为调解协议符合确认条件的，应当作出确认决定书；决定不予确认调解协议效力的，应当作出不予确认决定书。

第九条 人民法院依法作出确认决定后，一方当事人拒绝履行或者未全部履行的，对方当事人可以向作出确认决定的人民法院申请强制执行。

第十条 案外人认为经人民法院确认的调解协议侵害其合法权益的，可以自知道或者应当知道权益被侵害之日起一年内，向作出确认决定的人民法院申请撤销确认决定。

第十一条 人民法院办理人民调解协议司法确认案件，不收取费用。

第十二条 人民法院可以将调解协议不予确认的情况定期或者不定期通报同级司法行政机关和相关人民调解委员会。

第十三条 经人民法院建立的调解员名册中的调解员调解达成协议后,当事人申请司法确认的,参照本规定办理。人民法院立案后委托他人调解达成的协议的司法确认,按照《最高人民法院关于人民法院民事调解工作若干问题的规定》(法释〔2004〕12号)的有关规定办理。

司法部关于进一步加强行业性、专业性人民调解工作的意见

(2014年9月30日 司发通〔2014〕109号)

各省、自治区、直辖市司法厅(局),新疆生产建设兵团司法局:

为全面贯彻落实党的十八大、十八届三中全会精神,深入贯彻落实习近平总书记系列重要讲话精神和对司法行政工作重要指示精神,进一步发挥人民调解在化解行业、专业领域矛盾纠纷中的重要作用,维护社会和谐稳定,深入推进平安中国建设,现就进一步加强行业性、专业性人民调解工作提出如下意见。

一、充分认识进一步加强行业性、专业性人民调解工作的重要性和必要性

近年来,各级司法行政机关认真贯彻落实人民调解法和司法部《关于加强行业性、专业性人民调解委员会建设的意见》(司发通〔2011〕93号),大力推进行业性、专业性人民调解工作,取得了明显成效。三年多来,建立了行业性、专业性人民调解组织3万多个,人民调解员近13万人,共化解行业、专业领域矛盾纠纷300多万件,为维护社会和谐稳定作出了积极贡献。实践证明,开展行业性、专业性人民调解工作,是围绕中心、服务大局,充分发挥人民调解职能作用的重要举措,是新时期人民调解

工作的创新、发展，是人民调解制度的丰富、完善。但由于行业性、专业性人民调解工作开展时间不长，还存在组织不健全、制度机制不完善、工作不规范、经费保障没有落实到位等问题，各地对此要高度重视，采取有效措施切实加以解决。

随着我国改革进入攻坚期和深水区，社会稳定进入风险期，各种矛盾纠纷多发易发，影响社会和谐稳定。特别是在医疗卫生、劳动争议、环境保护等行业、专业领域的矛盾纠纷，如果不及时化解，将会影响社会稳定。有效预防和化解行业性、专业性矛盾纠纷，事关人民群众切身利益，事关社会和谐稳定大局。进一步加强行业性、专业性人民调解工作，积极推动人民调解向这些领域延伸，依法及时化解矛盾纠纷，充分发挥人民调解在社会矛盾纠纷调解体系中的基础性作用，对于创新社会治理体系、提高社会治理能力，维护相关行业领域正常秩序、维护人民群众合法权益、维护社会和谐稳定具有重要意义。

二、进一步加强行业性、专业性人民调解工作的指导思想和基本原则

（一）指导思想。全面贯彻落实党的十八大、十八届三中全会精神，深入贯彻落实习近平总书记系列重要讲话精神和对司法行政工作重要指示精神，深入贯彻落实人民调解法，大力加强行业性、专业性人民调解组织和队伍建设，进一步加强制度化、规范化建设，积极化解行业、专业领域矛盾纠纷，切实加强对行业性、专业性人民调解工作的指导，推动人民调解工作创新发展，为维护社会和谐稳定，深化平安中国建设作出新的贡献。

（二）基本原则。行业性、专业性人民调解工作要在坚持人民调解基本原则基础上，坚持党委、政府领导，司法行政机关指导，相关部门密切配合，共同推进行业性、专业性人民调解工作深入开展。要坚持以人为本，始终把维护双方当事人合法权益作为人民调解工作的出发点和落脚点，根据双方当事人需求，提供便捷服务，维护双方合法权益；坚持实事求是、因地制宜，从化解矛盾纠纷的实际需要出发，积极推动设立行业性、专业性人民调解组织，不搞一刀切；坚持尊重科学，着眼于矛盾纠纷的行业、专业特点和规律，运用专业知识，借助专业力量，提高调解的权威性和公信力；坚持改革创新，从我国基本国情出发，大力推进工作理念、制度机制和方式方法创新，努力实现行业性、专业性人民调解工作创新发展。

三、进一步加强行业性、专业性人民调解组织和队伍建设

（一）加强组织建设。行业性、专业性人民调解委员会是在司法行政机关指导下，依法设立的调解特定行业、专业领域矛盾纠纷的群众性组织。司法行政机关要加强与有关行业主管部门协调配合，根据相关行业、专业领域矛盾纠纷情况和特点，指导人民调解协会、相关行业协会等社会团体和其他组织，设立行业性、专业性人民调解委员会或依托现有的人民调解委员会设立人民调解工作室。当前，要重点加强医疗卫生、道路交通、劳动争议、物业管理、环境保护等行业性、专业性人民调解组织建设，进一步扩大人民调解工作覆盖面。对于本地相关行业、专业领域需要设立人民调解组织的，要主动向党委、政府汇报，与有关部门沟通协调，及时推动设立。已设立的行业性、专业性人民调解组织，要进一步巩固提高，规范组织名称和标牌、标识使用，健全各项制度，有效开展工作。对未设立行业性、专业性人民调解组织的，现有人民调解委员会应将辖区内行业性、专业性矛盾纠纷纳入调解范围。

（二）加强队伍建设。行业性、专业性人民调解委员会的调解员由设立单位或人民调解委员会聘任。根据矛盾纠纷的行业、专业特点，选聘具有相关专业背景和法学、心理学等专业知识的人员以及专家学者、法律服务工作者等为人民调解员，建立专兼结合、优势互补、结构合理的人民调解员队伍。通过政府购买服务等方式，配备专职人民调解员。行业性、专业性人民调解委员会主任一般由专职人民调解员担任。加强考核管理，及时了解掌握人民调解员的工作情况，对不胜任、不称职的人民调解员应及时指导聘任单位调整或解聘。加强人民调解员培训，把行业性、专业性人民调解委员会调解员培训纳入司法行政队伍培训规划。新任人民调解员须经司法行政机关培训合格后上岗。

（三）建立健全专家库。要根据化解矛盾纠纷需要，聘请相关行业或专业领域的专家学者组建人民调解专家库、成立专家咨询委员会等，为人民调解组织化解矛盾纠纷提供专业咨询和指导。

四、进一步加强行业性、专业性人民调解工作制度化、规范化建设

（一）建立健全工作制度。建立健全行业性、专业性人民调解纠纷受理、调解、履行、回访等内部工作制度，使调解工作各个环节都有章可循；建立健全纠纷移交、委托等衔接工作制度，及时受理、调解有关行业部门和单位移交、委托的矛盾纠纷；建立健全行业性、专业性人民调解组织与纠纷当事人所在地人民调解组织或单位之间联合调解制度，有效化解矛盾纠纷；建立健全信息反馈制度，及时向有关部门或单位反馈有关信息和意见建议。

（二）加强规范化建设。要依法规范行业性、专业性人民调解委员会设立和人员组成，确保人民调解群众性、自治性、民间性基本属性；规范人民调解员选聘、培训、岗位职责、工作纪律和研讨学习、年度考核等管理工作，提高人民调解员的政策业务水平和工作责任感；规范文书和卷宗制作，按照统一的文书格式和立卷归档要求，制作调解文书和调解卷宗，做到一案一卷；规范人民调解统计报送工作，确保统计数据真实、准确，报送及时，不断提高行业性、专业性人民调解工作规范化水平。

五、大力化解行业、专业领域矛盾纠纷

（一）依法及时调解。要坚持抓早抓小，及时了解掌握可能引发矛盾纠纷的不稳定因素,努力把矛盾纠纷化解在基层、消除在萌芽状态。对排查出的、当事人申请的和有关部门移送的矛盾纠纷,要及时受理,依法调解,通过教育疏导等方式,帮助当事人在平等协商、互谅互让的基础上自愿达成调解协议;对调解不成的,要引导当事人通过合法渠道解决。对涉及人员多、影响面广、容易激化的重大矛盾纠纷,应及时报告有关部门,并配合做好矛盾纠纷疏导化解工作,防止矛盾激化。

(二)注重运用专业知识调解。针对行业性、专业性矛盾纠纷行业特征明显、专业性强等特点,善于运用专业知识化解矛盾纠纷。对疑难复杂的矛盾纠纷,应充分听取专家咨询意见,必要时可委托具有资质的鉴定机构进行鉴定,确保矛盾纠纷得到科学公正处理。善于运用法、理、情相结合的方式开展调解工作,既讲法律政策、也重情理疏导,既解法结、又解心结,不断提高调解成功率、协议履行率和人民群众满意度。

(三)推进工作创新。创新工作理念,善于运用法治思维和法治方式化解矛盾纠纷,对合法诉求,应依法予以支持;对不合法、不合理的诉求,要做好疏导工作,引导当事人放弃于法无据、于理不符的要求,实现定纷止争、案结事了。创新工作方式方法,善于运用专业知识,借助专业力量和社会力量开展调解,充分运用现代科技手段开展工作,提高调解工作实效。创新工作机制,健全完善司法行政机关、人民调解委员会与相关部门、单位协调配合机制,形成工作合力;健全完善人民调解与行政调解、司法调解衔接配合机制,充分发挥人民调解在社会矛盾纠纷调解工作体系中的基础性作用。

六、切实加强对行业性、专业性人民调解工作指导

(一)加强组织领导。切实把加强行业性、专业性人民调解作为新形势下人民调解工作的重要任务,摆上重要议事日程,主动向党委、政府汇报工作,积极争取把行业性、专业性人民调解纳入当地深化平安建设的总体部署，制定出台加强行业性、专业性人民调解工作的配套政策，为行业性、专业性人民调解工作创造良好条件。加强与财政部门的协调，落实行业性、专业性人民调解委员会补助经费、调解员补贴经费等，并建立动态增长机制。加强与相关行业主管部门、设立单位的沟通协调，定期通报情况，及时研究解决工作中存在的问题。加强与基层人民法院的协调配合，通过个案指导、依法确认和执行人民调解协议等措施，提高调解质量。

（二）加强工作指导。认真分析本地区行业、专业领域矛盾纠纷发生、发展的特点和趋势，研究制定加强行业性、专业性人民调解工作的计划和安排，落实工作责任，积极推进人民调解组织队伍、业务工作和保障能力建设。坚持分类指导，加强调查研究，及时研究解决不同行业、专业领域人民调解工作的新情况、新问题，有针对性地提出指导意见，推进工作创新发展。落实人民调解员困难救助和优待抚恤政策，解决人民调解员生活困难，维护人民调解员权益，充分调动广大人民调解员的工作积极性。

（三）加强宣传表彰。通过各种形式，大力宣传行业性、专业性人民调解工作的特点优势、取得的成效和发挥的作用，大力宣传人民调解员的先进事迹和典型案例，增强社会各界和人民群众对行业性、专业性人民调解工作的了解和支持。大力表彰行业性、专业性人民调解先进集体和先进个人，增强人民调解员的荣誉感，激励他们更加积极地做好矛盾纠纷化解工作，为维护社会和谐稳定，推进平安中国建设做出新的贡献。

实用附录[①]

_____人民调解委员会
调 解 卷 宗

卷　　名：_____

卷　　号：_____

人民调解员：_____　调解日期：_____

立　卷　人：_____　立卷日期：_____

保管期限：_____

备　　注：_____

使用说明：

"调解卷宗"是人民调解委员会调解纠纷所涉所有文书立卷归档的总称。作为卷宗的封面。其中"卷名"栏目填写纠纷当事人姓名+纠纷类型，如"××与××之间合同纠纷"。纠纷类型同"人民调解员调解案件登记单"中的"纠纷类型"栏。"卷号"按有关规定或者各人民调解委员会自定的办法填写。保管期限分为短期、长期和永久三种，短期卷保管期限为5年，长期卷保管期限为10年。人民调解委员会应根据纠纷类型、协议内容和当事人实际情况等综合确定卷宗保管期限。

人民调解委员会调解纠纷，一般应当制作调解卷宗，一案一卷。对于纠纷调解过程简单或者达成口头调解协议的，也可多案一卷，定期集中组卷归档。

[①] 文书来源于《司法部关于印发人民调解文书格式和统计报表的通知》(2010年12月31日　司发通〔2010〕239号)。

卷 内 目 录

序号	文书名称	页号	备注
1	人民调解申请书或人民调解受理登记表		
2	人民调解调查记录		
3	人民调解证据材料		
4	人民调解记录		
5	人民调解协议书或人民调解口头协议登记表		
6	人民调解回访记录		
7	司法确认有关材料		
8	卷宗情况说明		
9	封底		

使用说明：

卷内目录是人民调解委员会对一起纠纷立卷归档时卷内所涉及全部文件的目录，供查阅卷宗时检索使用。

人民调解申请书

　　申请人姓名_____　性别_____　民族_____　年龄_____
职业或职务_____　　　联系方式_____
单位或住址_____
　　被申请人姓名_____　性别_____　民族_____　年龄_____
职业或职务_____　　　联系方式_____
单位或住址_____
　　纠纷简要情况：_____
_____
_____
_____
_____
_____
_____
_____

　　当事人申请事项：1._____
　　　　　　　　　　2._____
　　　　　　　　　　3._____
　　人民调解委员会已将申请人民调解的相关规定告知我，现自愿申请人民调解委员会进行调解。

　　　　　　　　　　　　申请人（签名盖章或指印）_____
　　　　　　　　　　　　　　　_____年____月____日

使用说明：

"人民调解申请书"是当事人向人民调解委员会提交的要求调解其纠纷的书面申请。申请人或被申请人为自然人的，应当填写当事人的姓名、性别、民族、年龄、职业、单位或住址、联系方式等；申请人或被申请人为法人或社会组织的，应当填写法定代表人的姓名、性别、民族、年龄、职务、联系方式，"单位或住址"栏填写法人或社会组织的地址。调解申请书应载明当事人申请事项。调解申请书既可以由申请人本人填写，也可由他人代写，由申请人签名后提交人民调解委员会。

人民调解受理登记表

　　____年___月___日,人民调解委员会依当事人申请(人民调解委员会主动调解),经当事人同意,调解_____、_____之间的纠纷。

　　纠纷类型:_____
　　案件来源:(1)当事人申请;(2)人民调解委员会主动调解
　　纠纷简要情况:_____
_____
_____

　　当事人(签名)_____
　　登记人(签名)_____

　　　　　　　　　　　　_____人民调解委员会
　　　　　　　　　　　　　____年___月___日

　　备注:此表由人民调解委员会填写。

使用说明:

　　"人民调解受理登记表"是人民调解委员会受理民间纠纷,或者主动调解纠纷的简要记载。人民调解受理登记表应登记当事人姓名、依申请受理或人民调解委员会主动调解的时间、纠纷类型和纠纷简要情况等。"案件来源"栏直接选择打"√",人民调解受理登记表由各方当事人和登记人签名。

人民调解调查记录

时　间　_____
地　点　_____
参加人　_____
被调查人　_____
记　录：_____

_____
_____
_____
_____

调 查 人（签名）　_____
被调查人（签名）　_____
记 录 人（签名）　_____

使用说明：

"人民调解调查记录"是人民调解委员会向有关人员访问了解纠纷情况时所做的文字记录。"参加人"栏系指调查时在场的其他人员，不包括调查人、被调查人和记录人。"被调查人"栏应填写被调查人姓名、性别、年龄、单位或住址。调查记录经被调查人校阅或向被调查人宣读后，由被调查人、调查人和记录人签名。

人民调解记录

时　　间　_____
地　　点　_____
当事人　　_____
参加人　　_____
人民调解委员会已将人民调解的相关规定告知各方当事人。
调解记录：_____
_____
_____
_____

调解结果：
1. 调解成功；2. 调解不成；3. 有待继续调解。
当事人（签名盖章或按指印）_____
当事人（签名盖章或按指印）_____
人民调解员（签名）_____
记录人（签名）_____
　　　　　　　　　　　　　　____年__月__日

使用说明：

　　"人民调解记录"是人民调解委员会对当事人进行说服教育、疏导规劝，促使当事人达成协议的过程的文字记录。其中"当事人"栏应列明到场的全部当事人。"参加人"栏指接受人民调解委员会邀请参与调解的人员。开展调解前人民调解委员会应当履行相关告知义务。调解记录应客观、真实、整洁、简练。"调解结果"栏可直接选择对应项打"√"。记录经当事人校阅或向当事人宣读后,由当事人、调解员、记录人签名。

人民调解协议书

编号＿＿＿＿＿＿＿＿

当事人姓名＿＿＿＿＿＿性别＿＿＿民族＿＿＿年龄＿＿＿
职业或职务＿＿＿＿＿＿联系方式＿＿＿＿＿＿＿＿＿
单位或住址＿＿＿＿＿＿＿＿＿＿＿＿＿＿＿＿＿＿＿
当事人姓名＿＿＿＿＿＿性别＿＿＿民族＿＿＿年龄＿＿＿
职业或职务＿＿＿＿＿＿联系方式＿＿＿＿＿＿＿＿＿
单位或住址＿＿＿＿＿＿＿＿＿＿＿＿＿＿＿＿＿＿＿

纠纷主要事实、争议事项：＿＿＿＿＿＿＿＿＿＿＿＿
＿＿＿＿＿＿＿＿＿＿＿＿＿＿＿＿＿＿＿＿＿＿＿＿
＿＿＿＿＿＿＿＿＿＿＿＿＿＿＿＿＿＿＿＿＿＿＿＿
＿＿＿＿＿＿＿＿＿＿＿＿＿＿＿＿＿＿＿＿＿＿＿＿

经调解，自愿达成如下协议：＿＿＿＿＿＿＿＿＿＿＿
＿＿＿＿＿＿＿＿＿＿＿＿＿＿＿＿＿＿＿＿＿＿＿＿
＿＿＿＿＿＿＿＿＿＿＿＿＿＿＿＿＿＿＿＿＿＿＿＿
＿＿＿＿＿＿＿＿＿＿＿＿＿＿＿＿＿＿＿＿＿＿＿＿

履行方式、时限＿＿＿＿＿＿＿＿
本协议一式＿＿＿份，当事人、人民调解委员会各持一份。

当事人（签名盖章或按指印）＿＿＿＿人民调解员（签名）＿＿＿
当事人（签名盖章或按指印）＿＿＿＿记录人（签名）＿＿＿＿

（人民调解委员会印章）
＿＿＿＿年＿＿＿月＿＿＿日

使用说明：

"人民调解协议书"是人民调解委员会调解民间纠纷，双方当事人达成调解协议的书面证明。其中"编号"栏按照有关规定或者各人民调解委员会自定的办法填写。当事人为自然人的，应当填写当事人的姓名、性别、民族、年龄、职业、单位或住址、联系方式等；当事人为法人或社会组织的，应当填写法定代表人的姓名、性别、民族、年龄、联系方式、职务，"单位或住址"栏填写法人或社会组织的地址。如果纠纷涉及三方以上当事人，另加附页载明其他当事人的基本情况。"纠纷主要事实、争议事项"栏应载明纠纷简要事实，争议事项及各方请求，填写内容较多时，可附页。"协议"栏应载明各当事人的权利义务，填写内容较多时，可附页。"履行协议方式、时限"栏根据具体情况填写。"人民调解协议书"必须由纠纷各方当事人签名或盖章，人民调解员签名，加盖人民调解委员会印章，并明确填写日期。

人民调解口头协议登记表

编号_____

当事人姓名_____ 性别_____ 民族_____ 年龄_____
职业或职务_____ 联系方式_____
单位或住址_____
当事人姓名_____ 性别_____ 民族_____ 年龄_____
职业或职务_____ 联系方式_____
单位或住址_____
纠纷主要事实、争议事项：_____
_____
_____
_____

经调解，自愿达成如下协议：_____
_____
_____
_____

履行方式、时限_____

人民调解员（签名）_____

（人民调解委员会印章）
_____年___月___日

备注：此表由人民调解委员会填写。

使用说明：

"人民调解口头协议登记表"是纠纷当事人达成口头协议后，人民调解委员会对口头协议主要内容的记录。其中"编号"栏按照有关规定或者各人民调解委员会自定的办法填写。当事人为自然人的，应当填写当事人的姓名、性别、民族、年龄、职业、单位或住址、联系方式等；当事人为法人或社会组织的，应当填写法定代表人的姓名、性别、民族、年龄、联系方式、职务，"单位或住址"栏填写法人或社会组织的地址。如果纠纷涉及三方以上当事人，另加附页载明其他当事人的基本情况。"纠纷主要事实、争议事项"栏应载明纠纷简要事实，争议事项及各方请求，填写内容较多时，可附页。"协议"栏应载明各方当事人的权利义务，填写内容较多时，可附页。"履行协议方式、时限"栏根据具体情况填写。口头协议登记表由人民调解委员会填写，加盖人民调解委员会印章，并载明填写日期。

人民调解回访记录

当事人_____

调解协议编号_____

回访事由_____

回访时间_____

回访情况：_____

_____

_____

_____

_____

回访人（签名）_____

_____人民调解委员会

_____年_____月_____日

使用说明：

"人民调解回访记录"是人民调解委员会对达成调解协议的纠纷当事人进行回访，了解协议履行情况及其他有关情况的记录。其中"当事人"栏填写被访问的当事人的简要情况。"调解协议编号"栏填写回访所涉纠纷调解协议书编号。"回访事由"栏填写纠纷名称。"回访情况"栏可包括当事人对调解工作的意见、要求，协议的履行情况，协议履行发生争议向人民法院起诉及人民法院的判决结果，有无错误调解及激化迹象，采取的措施等。"回访人"是指开展回访工作的人民调解员。

卷宗情况说明

使用说明:

对案件卷宗制作情况进行的必要说明。

封 底

立卷人：_____

立卷人：
审核人：
立卷日期：　　年　　月　　日

使用说明：

封底是卷宗的末页。封底由立卷人、审核人共同签名。

编号:　　　　　　　　　　　　　　　存根

人民调解员调解案件登记单

　　____年____月____日,调解____、____之间的纠纷。

　　纠纷是:(1)依申请调解;(2)主动调解;(3)接受委托或移交调解。

　　纠纷类型:(1)婚姻家庭纠纷;(2)邻里纠纷;(3)房屋宅基地纠纷;(4)合同纠纷;(5)损害赔偿纠纷;(6)劳动纠纷;(7)村务管理纠纷;(8)山林土地纠纷;(9)征地拆迁纠纷;(10)环境污染纠纷;(11)道路交通事故纠纷;(12)物业纠纷;(13)医疗纠纷;(14)其他纠纷____

　　调解情况:

　　1.调解成功,达成(1)口头协议;(2)书面协议。

　　2.调解不成,告知当事人通过(1)行政;(2)仲裁;(3)诉讼;(4)其他途径解决。

　　调解员:____

　　记录日期:____

　　　　　　　　　　　　　　　____人民调解委员会

编号：   正本

人民调解员调解案件登记单

_____ 年 ____ 月 ____ 日，调解 _____、_____ 之间的纠纷。

纠纷是：（1）依申请调解；（2）主动调解；（3）接受委托或移交调解。

纠纷简要情况：_____
_____
_____
_____

调解情况：_____
_____
_____
_____

调解员：_____
记录日期：_____

_____人民调解委员会

备注：1. 本单用于统计人民调解员调解纠纷工作量，由人民调解员填写。

2. 在本单相关栏目序号上打"√"。

3. 本单一式两联，正本联沿虚线裁下交人民调解员所在人民调解委员会，存根联由人民调解员留存。

_____年___月___人民调解委员会
调解案件汇总登记表

填表日期：

调解员姓名	调解案件数	调解结果		调解不成	履行情况		备注
		达成协议			已履行	未履行	
		口头	书面				

填表人：　　　　　　　　　　　　　　审核人：

说明：本表由人民调解委员会根据《人民调解员调解案件登记单》汇总填写，作为掌握、了解调解员工作情况的依据。

人民调解组织队伍经费保障情况统计表

制表单位：　　　　　　　　　　　　　　　填报日期：　　年　　月　　日

项目	组织情况									队伍情况										表彰情况		因公伤亡情况		保障情况		
	村委会设调委会	居委会设调委会	乡镇调委会	街道调委会	企事业单位调委会	社会团体和其他组织调委会				调解员总人数	其中								人员构成			集体	个人	致伤	牺牲	司法行政机关指导人民调解工作经费	人民调解委员会工作补助经费	人民调解员补贴经费
	村委会建制数	居委会建制数	乡镇建制数	街道建制数	企事业单位调委会数	交通事故调委会数	医疗纠纷调委会数	劳动争议调委会数	物业纠纷调委会数	其他调委会数	村调委会人数	居调委会人数	乡镇调委会人数	街道调委会人数	企事业单位调委会人数	交通事故调委会人数	医疗纠纷调委会人数	劳动争议调委会人数	物业纠纷调委会人数	其他调委会人数	专职	兼职	推选（调解员）	聘任（调解员）	高中（含）以上	文化	培训情况						
单位	个	个	个	个	个	个	个	个	个	个	个	个	个	个	个	个	个	个	个	个	个	个	个	个	个	个	人次	个	人	人	人	万元	万元	万元
序号	1	2	3	4	5	6	7	8	9	10	11	12	13	14	15	16	17	18	19	20	21	22	23	24	25	26	27	28	29	30	31	32	33	34	35	36	37	38	39

填报人：　　　　　　　　　　　　　　　审核人：

人民调解组织队伍经费保障情况统计表填表说明

一、填报单位和报送要求

本表填写单位为省（区、市）司法行政机关。地（市、州）、县（市、区）司法局，乡镇（街道）司法所，各类人民调解委员会所填写报表由省级司法行政机关参照此表并结合实际自行确定。

本表报送周期为半年报和年报。半年报统计周期为本年度1月1日至6月30日，7月20日前报到司法部。年报统计周期为本年度1月1日至12月31日，次年1月20日前报到司法部。

二、指标解释

1. 组织情况：由于村、居、乡镇、街道的合并撤销，其建制数随之变化，为掌握建制数和所设调委会数，在该项中要分别填写统计期内的建制数和所设的调委会数。

2. 第15项"其他调委会数"指除11、12、13、14项所列调委会之外的社会团体和其他组织调委会。驻公安、法院等单位的调解室，属于人民调解委员会的派驻机构，不应计算在内。

3. 第17至20项中担任村（居）调委会主任并兼任乡镇、街道调委会委员的只作一次统计。

4. 培训情况：统计期内人民调解员参加县级以上司法行政机关组织培训的人次数。

5. 表彰情况：乡镇街道以上党委政府表彰、司法行政机关表彰和其他相关部门表彰人民调解委员会个数和人民调解员人数。

6. 保障情况：指司法行政机关指导人民调解工作经费、人民调解委员会工作补助经费和人民调解员补贴经费。其中人民调解委员会工作补助经费和人民调解员补贴经费（第38、39项），包括各级财政保障经费、司法行政机关划拨经费和村（居）委会、企事业单位、社会团体或其他组织为人民调解开展工作提供的工作经费。

三、数据关系

1＝（3+5+7+9）+10+（11+12+13+14+15）
16＝（17+18+19+20+21）+（22+23+24+25+26）
16＝27+28
16＝29+30

人民调解案件情况统计表

制表单位：　　　　　　　　　　　　　　　　　　　　　　　　　　　填报日期：　　年　　月　　日

项目	调解案件总数	涉及当事人数	调解成功案件	疑难复杂案件	协议涉及金额	不同主体调解情况			案件来源			调解情况 - 案件分类情况													协议形式		履行情况				排查预防情况			
						村居调委会调解案件数	乡镇街道调委会调解案件数	企事业单位调委会调解案件数	社会团体和其他组织调委会调解案件数	主动调解	依申请调解	接受委托移送调解	婚姻家庭纠纷	邻里纠纷	房屋宅基地纠纷	合同纠纷	生产经营纠纷	损害赔偿纠纷	劳动争议纠纷	村务管理纠纷	山林土地纠纷	征地拆迁纠纷	计划生育纠纷	环境保护纠纷	道路交通事故纠纷	物业纠纷	医疗纠纷	其他纠纷	口头协议	书面协议	履行司法确认	达成协议后起诉	法院判决维持	排查预防纠纷	防止民间纠纷引起自杀	防止民间纠纷转化为刑事案件	防止群体性上访	防止群体性械斗
单位	人	人	件	件	万元	件	件	件	件	件	件	件	件	件	件	件	件	件	件	件	件	件	件	件	件	件	件	件	件	件	件	件	件	次	件	件	人件	人件	人
序号	1	2	3	4	5	6	7	8	9	10	11	12	13	14	15	16	17	18	19	20	21	22	23	24	25	26	27	28	29	30	31	32	33	34	35	36	37 38	39 40	41 42	43 44

填报人：　　　　　　　　　　　　　　　审核人：

人民调解案件情况统计表填表说明

一、填报单位和报送要求

本表填写单位为省（区、市）司法行政机关。地（市、州）、县（市、区）司法局，乡镇（街道）司法所，各类人民调解委员会所填写报表由省级司法行政机关参照此表并结合实际自行确定。

省（区、市）司法行政机关报送本表周期为季报和年报。季报统计周期为：第一季度从本年度1月1日至3月31日底，4月20日前报到司法部，第二、三季度，以此类推。第四季度按年报统计报送，统计周期为本年度1月1日至12月31日，次年1月20日前报到司法部。

各类人民调解委员会每月向县级司法行政机关报送，县级司法行政机关每季度向省级司法行政机关报送。

二、指标解释

1. 第1项"调解案件总数"指纠纷当事人申请调解、调委会主动调解和有关部门委托移送调解的案件总数，无论调解成功，还是不成功都应计算在内。

2. 第4项"疑难复杂纠纷"指涉及当事人众多、权利义务关系复杂、久调不结、调解周期长的纠纷，可能导致矛盾激化、群体性事件、越级上访或民事纠纷转化为刑事案件的纠纷，以及具有重大社会影响或人员伤亡的纠纷。

3. 第5项"协议涉及金额"指统计期内调解纠纷达成口头协议和书面协议，所涉及的金额。

4. 第13至28项"案件分类情况"：当一个案件涉及多个类型时，仅依其中一类属性进行统计。

5. 第13项"婚姻家庭纠纷"指家庭成员之间发生的纠纷，包括夫妻、婆媳、姑嫂、翁婿、妯娌等因生活琐事发生的纠纷和离婚、继承、赡养、抚养、分家析产等纠纷。

6. 第18项"损害赔偿纠纷"指基于民事侵权行为的赔偿责任引发的纠纷。因劳动争议、道路交通事故、医疗、物业管理引起的损害赔偿纠纷，统计在劳动争议纠纷、道路交通事故纠纷、医疗纠纷、物业纠纷栏内。

7. 第21项"山林土地纠纷"指因林权制度改革、土地承包、草场、滩涂使用等引发的纠纷。

8. 第24项"环境保护纠纷"指因施工扰民、环境污染等引发的纠纷。

三、数据关系

1 = 6+7+8+9

1 = 10+11+12

1 = 13+14+15+16+17+18+19+20+21+22+23+24+25+26+27+28

1 ≥ 29+30

1 ≥ 3